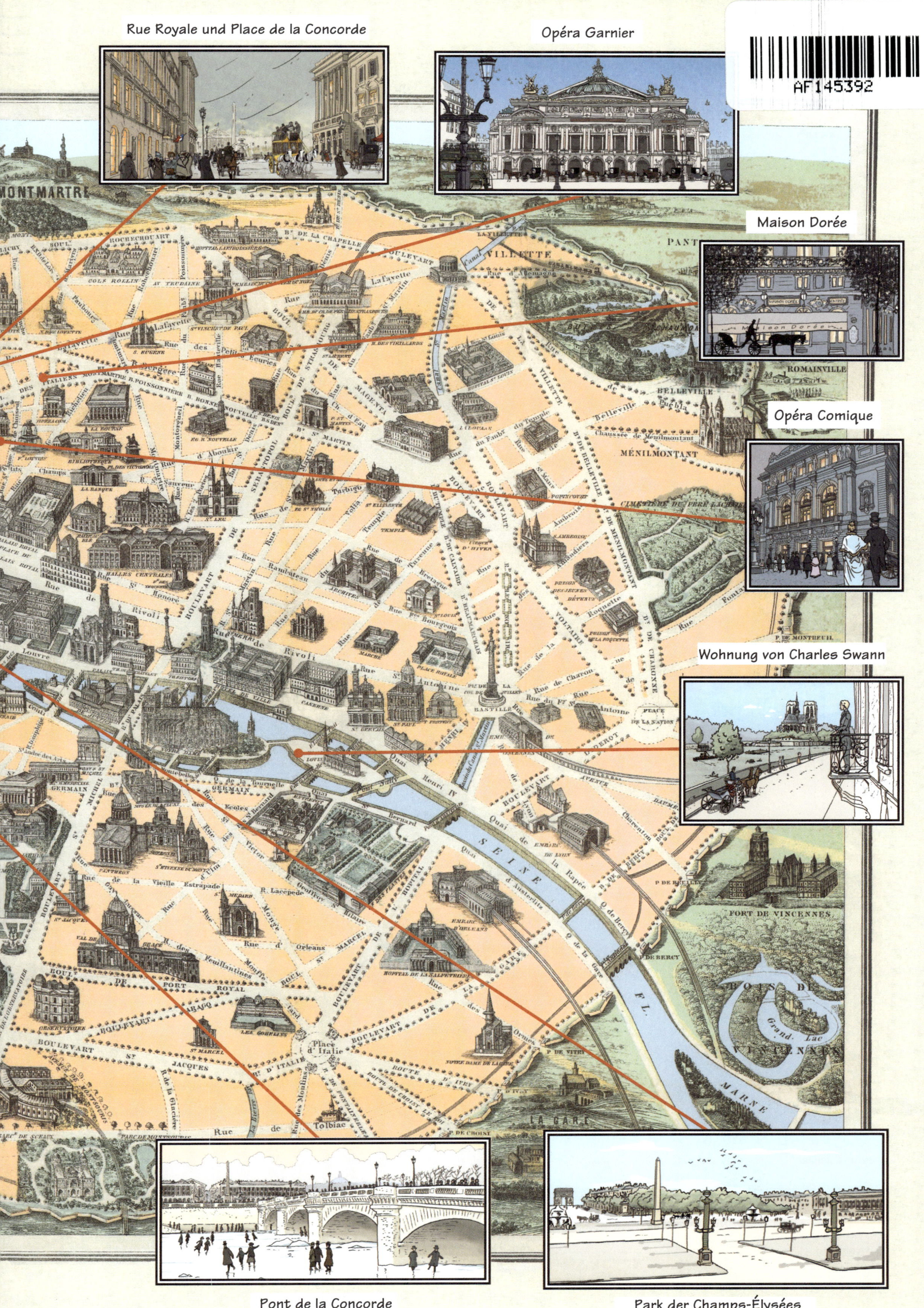

Rue Royale und Place de la Concorde
Opéra Garnier
Maison Dorée
Opéra Comique
Wohnung von Charles Swann
Pont de la Concorde
Park der Champs-Élysées
MONTMARTRE
VILLETTE
BELLEVILLE
ROMAINVILLE
MÉNILMONTANT
SEINE
FORT DE VINCENNES
MARNE
Place d'Italie

Marcel Proust

Auf der Suche nach der verlorenen Zeit

Namen und Orte: Namen

Adaption und Zeichnung von
Stéphane Heuet

Deutsche Fassung von
Anja Kootz

Anhang über die Serie ab Seite 48

KNESEBECK

Dank

der Société des amis de Marcel Proust et des amis de Combray
Institut Marcel Proust International,
und deren Generalsekretärin Mireille Naturel,

dem Cercle Littéraire Proustien de Cabourg-Balbec
und seinem Vorsitzenden Jean-Paul Henriet,

Suzel Pietri, Marielle Pietri, Isabelle Rolland
und der Société Orbis-Média,

Nicole Dauxin, Catherine Brun,
Daniel Couty, Catherine Ducret,
Anna Gavalda, Gérard Prosper.

In der Reihe erschienen (Unter der Leitung von Grégoire Seguin):

Marcel Proust
Auf der Suche
nach der verlorenen Zeit
Combray

An der Seite Swanns:
Combray
ISBN 978-3-86873-261-0

Marcel Proust
Auf der Suche
nach der verlorenen Zeit
Eine Liebe Swanns

An der Seite Swanns:
Eine Liebe Swanns, Teil 1
ISBN 978-3-86873-264-1

Marcel Proust
Auf der Suche
nach der verlorenen Zeit
Eine Liebe Swanns

An der Seite Swanns:
Eine Liebe Swanns, Teil 2
ISBN 978-3-86873-265-8

Marcel Proust
Auf der Suche
nach der verlorenen Zeit
Namen und Orte: Namen

An der Seite Swanns:
Namen und Orte: Namen
ISBN 978-3-86873-699-1

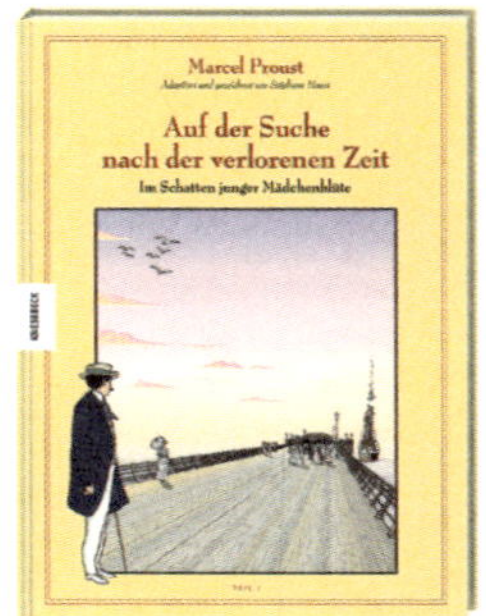
Marcel Proust
Auf der Suche
nach der verlorenen Zeit
Im Schatten junger Mädchenblüte

Im Schatten junger Mädchenblüte
Namen und Orte: Orte, Teil 1
ISBN 978-3-86873-262-7

Marcel Proust
Auf der Suche
nach der verlorenen Zeit
Im Schatten junger Mädchenblüte

Im Schatten junger Mädchenblüte
Namen und Orte: Orte, Teil 2
ISBN 978-3-86873-263-4

Titel der Originalausgabe: *À la recherche du temps perdu. Du côté de chez Swann. Noms de pays: le nom*
Erschienen bei Guy Delcourt Productions, Paris 2013

Grafisches Konzept: Trait pour Trait, Arcueil, Frankreich

Deutsche Erstausgabe

Ein Unternehmen der La Martinière Groupe

Anja Kootz orientierte sich bei ihrer Übersetzung von Stéphane Heuets Proust-Adaption in einigen Passagen an *Auf der Suche nach der verlorenen Zeit*, übersetzt von Eva Rechel-Mertens und revidiert von Luzius Keller u.a., erschienen 1994 im Suhrkamp Verlag, Frankfurt am Main/Berlin.
Mit freundlicher Unterstützung des Suhrkamp Verlags.

Herstellung: VerlagsService Dr. Helmut Neuberger & Karl Schaumann GmbH, Heimstetten
Druck: Graspo AG
Printed in Czech Republic

ISBN 978-3-86873-699-1

www.knesebeck-verlag.de

NAMEN UND ORTE: NAMEN

Unter den Zimmern, deren Bild ich am häufigsten in meinen schlaflosen Nächten heraufbeschwor, glich keines weniger den Zimmern von Combray als das im Grand Hôtel de la Plage in Balbec.

Doch nichts glich auch weniger jenem wirklichen Balbec als das, von dem ich oft geträumt hatte an stürmischen Tagen …

Ich wünschte mir nichts sehnlicher, als das stürmische Meer zu sehen; es gab für mich keine schöneren Schauspiele außer solchen, von denen ich wusste, dass sie nicht künstlich zu meinem Vergnügen arrangiert wurden.

Beeilen wir uns!

Gehen Sie nicht so dicht an den Häusern entlang, Sie bekommen sonst noch einen Dachziegel auf den Kopf!

Heilige Maria …
Die Zeitungen berichten schon genug von den großen Naturkatastrophen und Schiffbrüchen!
Mein Gott …

Ich begehrte nur das zu kennen, was mir einen Einblick in das Denken eines großen Genius oder in die Kraft, den Zauber der Natur verschaffte, so wie sie sich entfaltet, wenn sie ohne menschliches Zutun ganz sich selbst überlassen ist.

Ebenso wie die für sich allein reproduzierte schöne Stimme unserer Mutter uns über ihren Verlust nicht trösten könnte …

hätte mich ein mit den Mitteln der Technik nachgeahmter Sturm so kaltgelassen wie die Leuchtfontänen der Weltausstellung.

Ich verlangte auch, damit der Sturm absolut richtig wäre, dass das Ufer ein wirklicher Naturstrand sei und nicht ein in neuerer Zeit von Amts wegen hergestellter Deich.

Den Namen Balbec aber hatte ich behalten, wie Legrandin ihn zitiert hatte als den eines Strandes nahe …
… jener düsteren, durch so viele Schiffsuntergänge berühmten, die Hälfte des Jahres vom Leichentuch der Nebel und schäumenden Meereswogen bedeckten Küsten.
Man spürt dort unter den Füßen, viel mehr als im Finistère selbst, das eigentliche Ende des französischen Bodens, ja Europas, der alten Welt überhaupt.

Eines Tages erwähnte ich in Combray den Strand von Balbec vor Monsieur Swann:

Und ob ich Balbec kenne! Die zur Hälfte noch romanische Kirche Balbecs, aus dem 12. und 13. Jahrhundert, ist vielleicht das merkwürdigste Beispiel normannischer Gotik.

Man könnte es persische Baukunst nennen.

… und die Gotik wurde mir lebendiger, als ich sie im Geiste erblickte und mir vorstellte, wie sie auf den Felsen Wurzel geschlagen und die Blüte eines Glockenturms in die Höhe getrieben hatte.

Später sah ich Reproduktionen der berühmtesten Bildwerke von Balbec …

… und vor Freude stockte mir der Atem bei dem Gedanken, sehen zu können, wie ihre Gestalten aus dem ewigen, salzigen Nebel hervortreten.

Von da an verband ich mit den stürmischen und doch milden Februarabenden – wenn der Wind mir ins Herz blies – die Sehnsucht nach gotischer Architektur mit der nach einer Sturmflut am Meer.

Am liebsten hätte ich am nächsten Tag den Einuhrzweiundzwanzig-Zug genommen.

Er hielt in Bayeux, Coutances, Vitré, Questambert, Pontorson, Balbec, Lannion, Lamballe, Benodet, Pont-Aven und in Quimperlé …
Pont-Aven
Benodet
Quimperlé
… und setzte seinen Weg beladen mit Namen fort, die er mir alle anbot, und ich wusste nicht, welchen ich vorgezogen hätte.

Ich hätte mich schnell ankleiden, noch abends abreisen und in Balbec eintreffen können, wenn der erste Morgenschimmer über dem Meer aufginge, vor dessen Brandung ich mich in die Kirche im persischen Stil flüchten würde.

Doch als die Osterferien näherkamen und meine Eltern mir versprachen, ich könne sie diesmal in Norditalien verbringen, trat an die Stelle …

… der stürmischen Träume der Traum von einem schimmernden Frühling, der die Gefilde um Fiesole mit Lilien und Anemonen überzog und Florenz vor einem Goldgrund, der dem auf den Bilder, von Fra Angelico glich, schimmernd aufstrahlen ließ.

Die einander ablösenden Farben hatten in mir einen Frontwechsel der Wünsche bewirkt und auch einen völligen Wechsel in der Tonart meiner Gefühle.

Bald reichte eine bloße atmosphärische Veränderung, um diese Modulation in mir zu bewirken, ohne dass ich die Rückkehr einer Jahreszeit abwarten musste.

Doch unterstand die Erzeugung dieser Träume vom Ozean und von Italien nicht mehr ausschließlich dem Wechsel der Jahreszeiten und des Wetters.

Ich brauchte, um sie ins Leben zu rufen, nur die Namen auszusprechen:

Balbec
Venedig
Florenz

Selbst im Frühling genügte es, dass ich den Namen Balbec las, damit in mir das Verlangen nach Stürmen und normannischer Gotik erstand.

Auch an einem stürmischen Tag erzeugte der Name Florenz oder Venedig in mir das Verlangen nach Sonne, Lilien, dem Dogenpalast und Santa Maria del Fiore.

Wenn diese Namen sich mit meinen inneren Bildern dieser Städte tränkten, dann nur, weil sie sie umwandelten.

Parmentier
Parme
Parmesan,
Parmi,

Sie gaben mir von gewissen Städten der Erde eine übersteigerte Vorstellung ein, indem sie sie einzigartiger und folglich wirklicher machten.

Wieviel persönlicher wurden sie noch dadurch, dass man sie mit Namen bezeichnete, die einzig ihnen zugedacht waren, wie Personennamen.
LONDRES
Vienne
WATTEAU
FLORENCE
TURNER
Bruxelles
ROME
VENISE

Die Wörter führen uns von den Dingen ein kleines, deutliches, landläufiges Bild vor Augen …

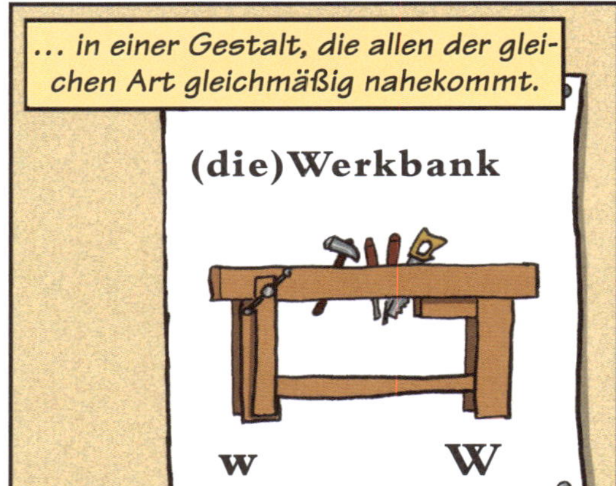
… in einer Gestalt, die allen der gleichen Art gleichmäßig nahekommt.
(die)Werkbank
w W

(der)Vogel
v V

(der) Ameisenhaufen
a A

Die Namen geben uns von den Personen – und den Städten – ein Bild, das sich aus ihrem lebhaften oder dumpfen Klang in einer Tönung färbt, in der es durchweg gehalten ist wie ein Plakat, ganz in Rot oder Blau, aufgrund der in den Mitteln begrenzten Herstellungstechnik oder aufgrund einer Laune ihres Schöpfers.

Réouverture du Cabaret du Chat Noir
le 3 Octobre
et de l'Illustre Théâtre du Chat Noir
le 6 Octobre
Rue Victor-Massé
PARIS
AVEC Rodolphe Salis

THEATRE DU CHATELET
L'AIGLON

Théâtre et Café-Concert
ET JARDIN D'ÉTÉ
MILLE ET UNE NUITS
Spectacles de Tous Genres
Propriétaire EMM. JEANNIDES

INAUGURATION DE
L'EXPOSITION DE 1900

Der Name Parmas, eine der Städte, die ich am glühendsten aufzusuchen wünschte, seit ich »Die Chartreuse« gelesen hatte, schien mir fugenlos, glatt und sanft. Wenn jemand von einem Haus in Parma sprach, in dem man mich …

empfangen würde, weckte er in mir die angenehme Idee, ich würde in einer glatten, fugenlosen und sanften Behausung wohnen, die keine Beziehung …

zu den Behausungen irgendeiner anderen Stadt Italiens hätte, da ich sie mir einzig mit Hilfe jener schweren, gleichsam luftlosen Tonsilbe des Wortes Parma vorstellte, das ich zuvor mit stendhalscher Sanftheit und dem Schimmer von Veilchen erfüllt hatte.

Wenn ich an Florenz dachte, so glich die Stadt für mich einer Blütenkrone, weil sie die Stadt der Lilien war und ihre Kathedrale Santa Maria del Fiore hieß.

Balbec war ein Name, in dem man, so wie man alten Töpfererzeugnissen noch die Farbe der Erde ansieht, aus der sie gewonnen sind, den Ausdruck …

irgendeines nicht mehr bestehenden Brauches, einer altmodischen Art der Aussprache nachklingen hört, die ich sicherlich bei dem Gastwirt wiederfinden würde, den ich mir als eine lebhaft disputierende, feierlich ernste Gestalt aus einer mittelalterlichen Verserzählung vorstellte.

Wenn meine Gesundheit sich festigte und meine Eltern mir erlaubten, mich nicht gerade in Balbec aufzuhalten, aber doch einmal jenen Einuhrzweiundzwanzig-Zug zu nehmen, in den …

ich im Geist so oft schon eingestiegen war, hätte ich am liebsten in den schönsten Städten Aufenthalt eingelegt.

Wie sich entscheiden zwischen Bayeux, das in seinem edlen, rötlich schimmernden Klöppelgewand emporragte, Vitré, dessen Accent aigu die uralten Glasscheiben mit einem Rautenwerk aus schwarzem Holz versteifte, dem weichen Lamballe, dessen weißlicher Eierschalenton in Perlgrau übergeht …

Vitré - Cour intérieure du Château -
BAYEUX - Vue Gén
LAMBALLE - Notre Dame et la Basse ville -

Coutances, die die golden sich rundende Fülle ihres Wortausklangs wie einen Turm aus Butter trägt;

Lannion, mit dem Fliegensummen, das der Kutsche folgt;
Questambert, Pontorson, komisch und naiv;

Benodet, ein kaum verhafteter Klang, den der Fluss in sein Algengewirr hineinzuziehen versucht;

Pont-Aven, weiß und rosa Flattern einer leichten Haube …

Quimperlé, besser befestigt und aus dem Mittelalter?

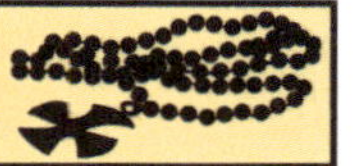

Diese Bilder waren jedoch falsch, weil sie notwendigerweise stark vereinfacht waren; danach verlangte meine Fantasie. Ich hatte sie in die Zuflucht der Namen gebannt. Doch ist die Fassungskraft von Namen nur gering.

Ich konnte kaum zwei oder drei wichtige »Sehenswürdigkeiten« der Stadt in sie hineinbringen …

Als mein Vater in einem Jahr entschieden hatte, die Osterferien in Florenz und Venedig zu verbringen, und mir der Name Florenz nicht genügend Raum bot, um alle Elemente darin unterzubringen, aus denen eine Stadt sich zusammensetzt …

… war ich gezwungen, aus der Vermählung gewisser Frühlingsdüfte mit dem, was ich für den Genius Giottos hielt, eine Art übernatürlicher Stadt entstehen zu lassen.

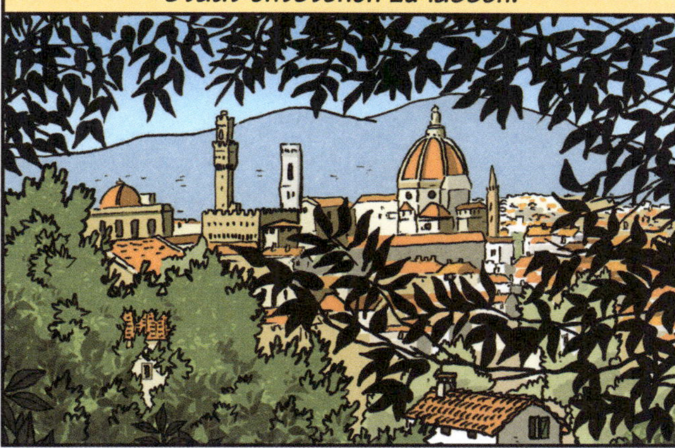

Da man ja in einen Namen nicht sehr viel mehr Dauer als Weite hineinzwingen kann, gelang es mir, den Namen Florenz nach Art gewisser Bilder Giottos, die zwei verschiedene Abschnitte eines gleichen Vorgangs darstellen, in zwei Felder zu teilen. In dem einen erblickte ich …

unter einem architektonischen Baldachin eine Freskomalerei …

in dem anderen eilte ich über den von Narzissen sowie von Anemonen schäumenden *Ponte Vecchio* hin.

Selbst unter einem ganz realen Gesichtspunkt nehmen die Gegenden, nach denen wir uns sehnen, in jedem Augenblick unseres wirklichen Lebens sehr viel mehr Raum ein als die Gegend, in der wir uns tatsächlich befinden.

Ich vermochte meine Freude kaum zu bezähmen, als mein Vater, während er das Barometer befragte und über die Kälte klagte, nach den besten Zügen zu suchen begann.
Hier, Venedig! Ihr …
könntet den Zug um 18.30 Uhr nehmen …

Ich begriff, dass man am folgenden Morgen in der Stadt aus Marmor und Gold erwachen konnte. Sie und die Lilienstadt waren nicht nur willkürliche Fantasiebilder, sondern existierten tatsächlich.
Ihr könntet also vom 20. bis 29. April in Venedig bleiben und am Ostermorgen in Florenz eintreffen.
Doch ich war noch immer auf dem Weg zum letzten Grad der Beschwingtheit.

Ich erreichte ihn schließlich:
Auf dem Canal Grande ist es sicher noch kalt …
Du tust gut daran, für alle Fälle deinen Winterüberzieher und den warmen Rock einzupacken.
!
Bei diesen Worten geriet ich in eine Art Ekstase; mit einer meine Kräfte fast übersteigenden gymnastischen Leistung warf ich die Luft meines Zimmers wie einen zwecklosen Panzer ab und …

ersetzte sie durch eine Schicht venezianischer Atmosphäre, einen Meereshauch, wie er unsagbar und eigenartig in unseren Träumen weht und wie ihn meine Fantasie dem Namen Venedig beigegeben hatte.
Ich spürte, wie sich in mir eine wunderbare Entkörperlichung vollzog.

Daneben aber tauchte fast gleichzeitig jener unbestimmte Brechreiz auf, den man bei heftigem Halsweh verspürt, ich wurde …
mit einem so hartnäckigen Fieber zu Bett geschickt,

dass der Arzt riet, nicht nur darauf verzichten, mich nach Florenz und Venedig reisen zu lassen, sondern selbst nach …
… meiner Genesung noch mindestens ein Jahr lang alle Reisepläne und jeden Grund zur Aufregung von mir fernzuhalten.

Und ach, er verbot auch kategorisch, mich ins Theater gehen und die Berma sehen zu lassen.
Stattdessen schickte man mich täglich in den Park der Champs-Élysées unter Aufsicht einer Person, die dafür sorgte, dass ich mich nicht überanstrengte.

SPECTACLES
CIRQUE D'HIVER
CENDRILLON
L'HOMME OBUS
CLUNY
COMÉDIE FRANÇAISE
RACINE
PHÈDRE
SARAH BERNHARDT
LUCIEN GUITRY
DU TSAR
TANNHAUSER
Nämlich Françoise, die nach dem Tod meiner Tante Léonie in unsere Dienste getreten war.

Dorthin zu gehen war mir unerträglich; in diesem Park ließ sich nichts an meine Träume anknüpfen.

Eines langweiligen Tages hatte Françoise mit mir einen Ausflug in jene benachbarten Bezirke unternommen, wo man die Gesichter nicht kennt.

?
Adieu, Gilberte, ich gehe jetzt …
vergiss nicht, dass wir heute nach dem Essen zu dir kommen.

Gilberte, dieser Name klang neben mir auf, und er beschwor die Existenz der durch ihn bezeichneten Person mit umso größerer Macht, als er sie nicht nur als Abwesendes benannte, sondern …
direkt anredete. klang er gewissermaßen in acta neben mir auf, mit einer Kraft, die in der Kurve seines Flugs wuchs, je näher er dem Ziele kam.

Kommen Sie, wir gehen!

Ich komme, Mademoiselle.

Knöpfen Sie Ihren Mantel zu, wir machen jetzt los!
Zum ersten Mal stellte ich gereizt fest, dass sie eine gewöhnliche Ausdrucksweise hatte und, ach!, keine blaue Feder am Hut.

Würde sie überhaupt wieder in die Anlagen der Champs-Élysées kommen? Am folgenden Tag war sie nicht da; doch an den nächsten Tagen sah ich sie.

Einmal fehlte jemand für eine Partie Barlauf, und so spielte ich von da an jedes Mal, wenn sie da war.
Wollen Sie in unserem Lager mitspielen?
Doch das war nicht alle Tage der Fall, an manchen war sie am Kommen verhindert: durch Privatstunden, den Katechismus, eine Kindergesellschaft, kurz:

Durch ihr von dem meinigen getrenntes Dasein, das in der kondensierten Form ihres Namens »Gilberte« zweimal schmerzlich neben mir aufgeklungen war, auf dem steilen Pfad in Combray und auf dem Rasenplatz der Champs-Élysées-Anlagen. War es ihres …
Unterrichts wegen, pflegte sie zu sagen:
Zu dumm, morgen kann ich nicht kommen; ihr werdet euch alle ohne mich amüsieren.
Mit einer Miene, die mich ein wenig tröstete.

War sie aber zu einer Nachmittagsveranstaltung eingeladen:
Kommen Sie morgen spielen?
Das will ich nicht hoffen! Ich nehme doch an, Mama lässt mich zu meiner Freundin gehen!
So wusste ich jedenfalls, dass ich sie nicht sehen würde.

An anderen aber nahm ihre Mutter sie überraschend zu Besorgungen mit, und am nächsten Tag erklärte sie:
Ach ja, ich war mit Mama fort.
Als sei es etwas Natürliches und für niemand das denkbar schrecklichste Unglück.

Da waren auch die Schlechtwettertage, an denen ihre Erzieherin, die den Regen fürchtete, nicht mit ihr in die Anlagen der Champs-Élysées gehen wollte. Wenn auch …

das Wetter zweifelhaft war, blickte ich von früh an zum Himmel und achtete auf alles, was ein Vorzeichen sein konnte.

Die Dame da drüben geht aus, also ist offenbar Ausgehwetter: Warum sollte Gilberte es nicht wie jene Dame machen?

Doch es wurde wieder finsterer.
Es könnte noch schön werden, ein Sonnenstrahl genügte …
… wahrscheinlicher aber wird es wohl regnen.
Und wenn es regnete, wozu auf die Champs-Élysées gehen?

So ließen meine angstvollen Blicke nicht mehr von dem ungewissen, bewölkten Himmel ab.
Der Balkon vor dem Fenster war grau.

Plötzlich:

Efeu eines Augenblicks! Flüchtige Mauerflora! Für mich von allen die liebste seit dem Tag, an dem sie auf unserem Balkon erschienen war, gleichsam als der Schatten von Gilberte, die vielleicht schon in den Anlagen der Champs-Élysées war.
Nun wollen wir mit dem Barlauf anfangen. Sie gehören zu meinem Lager!

Verheißung des Glücks, das der Tag gewähren oder verweigern würde, und darin Versprechen des Glücks in seiner reinsten Form: des Glücks der Liebe.

Sogar an jenen Tagen, wo der Himmel zu verhangen blieb, als dass ich auf Gilbertes Kommen hoffen konnte …
Jetzt wird es doch noch schön, da könntet ihr vielleicht trotz allem versuchen, in die Champs-Élysée-Anlagen zu gehen.

An jenem Tag trafen wir niemand an oder nur ein Mädchen, das eben aufbrechen wollte und versicherte, Gilberte komme heute nicht.

Nur eine ältere Dame saß einsam neben dem Rasenplatz, sie kam bei jedem Wetter.

Gilberte ging immer zu ihr und sagte guten Tag; die Dame fragte, wie es ihrer »reizenden Mama« gehe; und ich meinte, wenn ich sie ebenfalls kennen würde, würde ich in Gilbertes Augen anders dastehen. Während die Enkelkinder der Dame spielten, las sie stets im Journal des Débats …

… und sie sprach mit Jovialität:

Meine alten Débats …

… mein Freund, der Wachtmeister …

… die Stuhlvermieterin und ich, wir sind alte Freunde.

Françoise fror zu sehr, um auf Bewegung zu verzichten, und so gingen wir zum Pont de la Concorde, um die Seine zu sehen, die zugefroren war.

Wir kehrten zu den Champs-Élysées zurück.

Plötzlich lichtete sich das Dunkel.
Ich hatte ein Wunderzeichen erkannt …
Mademoiselles blaue Feder.

Bravo! Gut so! Ich würde es schick oder tipptopp nennen, würde ich nicht aus einer anderen Zeit stammen, dem Ancien Régime.

Dieser Tag bedeutete einen Fortschritt meiner Liebe; ein erster Kummer, den Gilberte mit mir teilte. Von unserer Schar waren nur wir zwei erschienen.

Bald …
trafen auch …
ihre Freundinnen ein.

Da nun dieser in Trauer begonnene Tag in Freude enden sollte:

Nein, nein, man weiß doch, dass Sie lieber in Gilbertes Partei sind …
außerdem winkt sie Ihnen schon.

Als meine Großmutter einmal zum Abendessen noch nicht nach Hause gekommen war, stellte ich mir unwillkürlich vor, dass ich, wäre sie etwa überfahren worden, für einige Zeit nicht in die Champs-Élysées-Anlagen gehen könne. Man liebt niemanden sonst, wenn man liebt.

Die ganze Zeit über, die ich fern von Gilberte verbrachte, hatte ich das Bedürfnis, sie zu sehen, denn wenn ich mir unaufhörlich ihr Bild vor Augen zu stellen versuchte, gelang es mir schließlich überhaupt nicht mehr, und ich wusste nicht mehr genau, worauf sich meine Liebe bezog.

Außerdem hatte sie noch nie gesagt, dass sie mich mochte. Ganz im Gegenteil hatte sie oft behauptet, dass sie Freunde habe, an denen ihr mehr gelegen sei.
Doch die Gefühle, die ich ihr entgegenbrachte, hatte ich ihr selbst noch nicht gestanden.

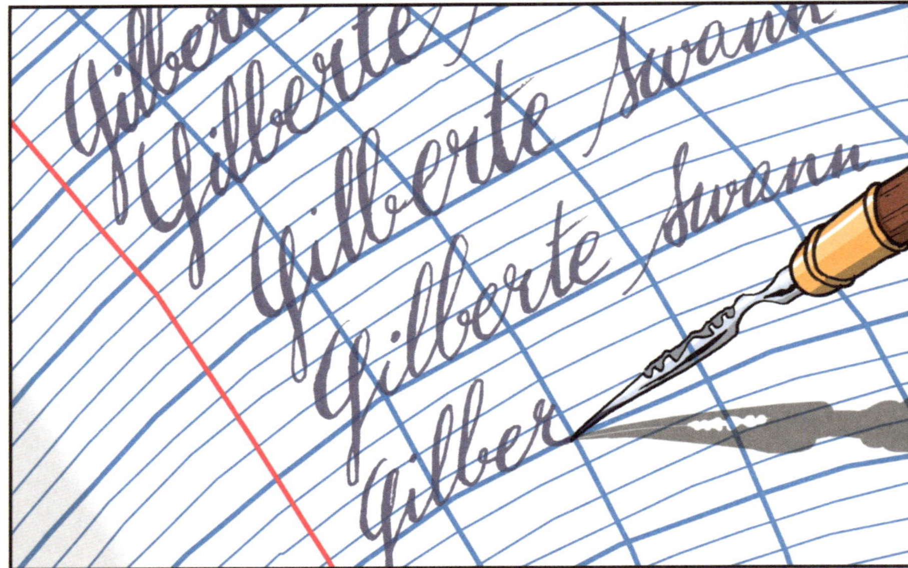
Gilberte
Gilberte Swann
Gilberte Swann
Gilber

Am dringendsten nötig war jetzt, dass wir uns sähen, Gilberte und ich, und dass wir uns gegenseitig unsere Liebe erklärten, die bis dahin noch nicht so recht begonnen hatte.

Sicher wären die Gründe, die mich so ungeduldig machten, sie zu sehen, für einen erwachsenen Mann weniger dringend gewesen.

Später, wenn wir in der Kultur unserer Freuden geschickter geworden sind, kommt es vor, dass wir uns mit der begnügen, an eine Frau zu denken, ohne uns darüber zu beunruhigen, ob dieses Bild der Wirklichkeit entspricht …

… oder auch mit der, sie zu lieben, ohne sicher sein zu müssen, dass sie uns liebt.

Wenn ich aber auf den Champs-Élysées ankam und mich in Gegenwart jener Gilberte Swann befand, mit der ich gestern gespielt hatte, vollzog sich auf einmal alles so, als wären sie und das Mädchen, das der Gegenstand meiner Träume war, zwei verschiedene Wesen.

Während ich darauf aus war, das Bild Gilbertes zu vervollständigen, damit ich auch sicher wäre, dass sie es war, an die ich mich erinnerte …

bewegte mich das gleiche Ich, den Ball zu ergreifen, den sie mir hinhielt …
als sei sie eine Kameradin, mit der ich spielen, und nicht eine Schwesterseele, mit der ich eins werden wollte …

und die mich hinderte, jene Worte zu sagen, die in unserer Liebe jene entscheidenden Fortschritte hätten bewirken können …

… auf die ich so nur immer wieder von einem Nachmittag auf den andern hoffen konnte.

Immerhin machte sie welche. Eines Tages …

Ich kaufte Murmeln für einen Sou.

Bewundernd aber ruhten meine Blicke auf den glänzenden Achatkugeln.

Welche finden Sie am schönsten?

Ich hätte mir gewünscht, dass sie auf keine verzichtete. Am liebsten wäre es mir gewesen, sie hätte sie alle kaufen, freikaufen können. Dennoch zeigte ich auf eine, die den Ton ihrer Augen hatte.

Da, sie gehört Ihnen, ich schenke sie Ihnen, behalten Sie sie zur Erinnerung.

Ein andermal fragte ich sie, immer noch von dem Wunsch beherrscht, einmal die Berma in einem klassischen Stück zu sehen, ob sie jene Schrift Bergottes besitze, in der er von Racine spricht:
Sie ist nicht mehr im Handel.
Ja, ich denke, ich kann sie ausfindig machen. Sie müssen mir aber den genauen Titel mitteilen.

Noch am Abend hatte ich ihr einen Brief geschickt, auf den ich den Namen Gilberte Swann geschrieben hatte, den ich so oft in meine Hefte gekritzelt hatte.
(Ce côté est exclusivement réservé à l'adresse.)
SERVICE TÉLÉGRAPHIQUE
50
TÉLÉGRAPHE
TÉLÉGRAMME
Mademoiselle Gilberte Swann
rue de Traktir
seizième arrondissement
(Etoile)
PARIS
LE PORT EST GRATUIT

Am Tag darauf:
Sehen Sie, es ist genau das, was Sie haben wollten.

Doch auf der Adresse der Rohrpost – die gestern noch gar nichts weiter als ein Telegramm war, das ein Diener zu ihrem Zimmer …

gebracht hatte und das nun zu einem unendlich kostbaren Ding geworden war – erkannte ich nur mit Mühe meine einsamen Schriftzüge unter den Zeichen des tatsächlichen Eintritts in die Wirklichkeit, die zum ersten Mal meinem Traum sich anvermählt und mit höchstem Gefühl erfüllt hatten.

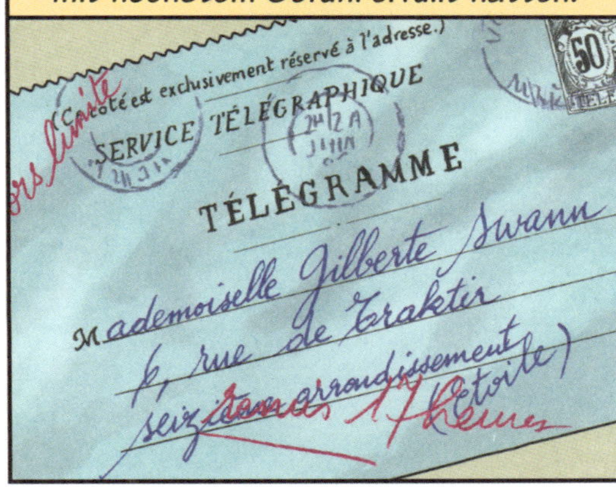
SERVICE TÉLÉGRAPHIQUE
TÉLÉGRAMME
Mademoiselle Gilberte Swann

RACINE
Bergotte

Eines Tages sagte sie zu mir:
Sie könnten mich eigentlich mit Gilberte anreden, ich jedenfalls werde Sie künftig bei Ihrem Taufnamen rufen.

Dann bildete sie geschickt einen Satz und beschloss ihn mit meinem Vornamen. Wenn ich mich daran erinnerte, was ich damals empfand, hatte ich den Eindruck, als habe sie mich selbst in ihrem Mund gehalten, nackt.

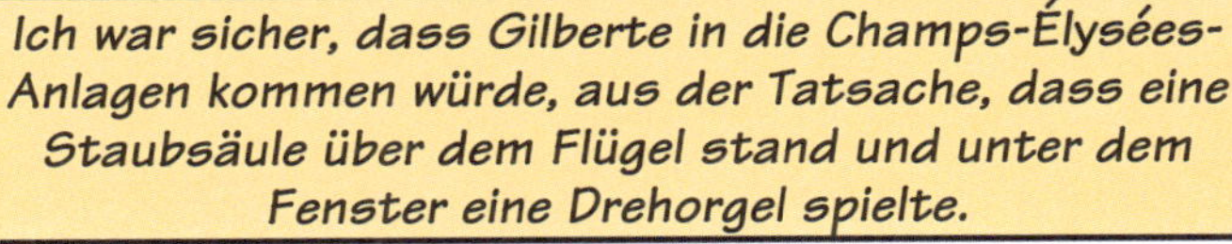

Ich war sicher, dass Gilberte in die Champs-Élysées-Anlagen kommen würde, aus der Tatsache, dass eine Staubsäule über dem Flügel stand und unter dem Fenster eine Drehorgel spielte.

In der Schule saß ich während der Einuhrstunde vor Ungeduld und Langeweile vergehend im Schimmer der Sonne, bis Françoise mich am Ausgang abholen kam.

Ach! In den Anlagen fand ich Gilberte nicht, sie war noch nicht gekommen.
Herrliches Wetter!
Ich heftete die Blicke auf den Horizont, vor dem jeden Augenblick Gilberte auftauchen konnte.

Ich eilte mit Françoise Gilberte entgegen …

doch wir trafen sie nicht …
Machen wir kehrt, sie wird nicht kommen!
?

als ich zum Rasenplatz zurückkehrte.
Schnell, schnell, Gilberte ist schon seit einer Viertelstunde da. Sie muss bald wieder gehen.
Wir warten mit dem Barlauf nur auf Sie.
Man wusste nie genau, aus welcher Richtung Gilberte kam.

Ich erriet dahinter eine jener Beschäftigungen, bei denen ich Gilberte nicht folgen konnte. Dieses Geheimnis verwirrte mich auch, als ich Gilberte sah, die mit uns brüsk und herrisch umsprang, schüchtern lächelnd sprechend …
Wie schön die Sonne ist, wie Feuer.
in einer Art, die mir eine Ahnung von dem anderen Mädchen vermittelte, das Gilberte sicher in jener anderen Existenz war, die mir nicht zugänglich war.

Doch von dieser Existenz gab mir niemand einen besseren Eindruck als Monsieur Swann, der etwas später erschien, um seine Tochter zu holen.

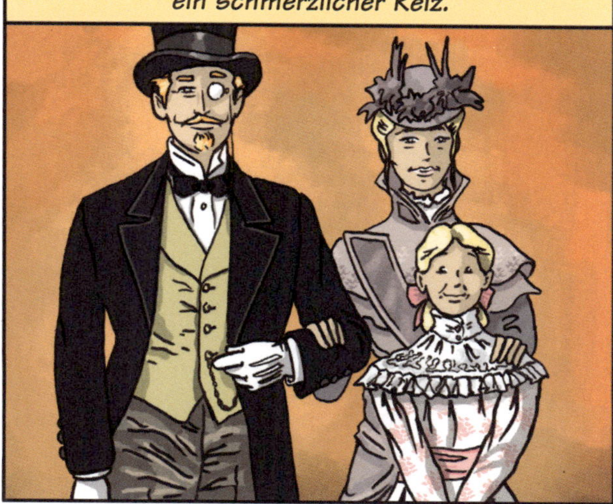
Denn in ihm und in Madame Swann lagen für mich genau wie in Gilberte selbst, ja vielleicht mehr als in ihr, wie es allmächtigen Göttern zukam, etwas Unerreichbares, ein schmerzlicher Reiz.

Sein Anblick machte auf mich einen noch denkbar größeren Eindruck, etwa wie eine historische Persönlichkeit, deren geringste Eigenheiten uns leidenschaftlich interessieren.
Seine Beziehungen zum Grafen von Paris, die mir, wenn ich früher in Combray davon hatte reden hören, vollkommen gleichgültig waren, bekamen jetzt für mich etwas Märchenhaftes.

Er beantwortete höflich den Gruß von Gilbertes Spielkameraden, auch den meinen, wiewohl er doch mit meiner Familie zerfallen war, schien mich aber nicht zu kennen. (Dabei hatte er mich früher sehr oft gesehen; das Gedächtnis davon hatte ich in mir bewahrt, aber doch nur dunkel, denn seitdem ich Gilberte wiedergesehen hatte, war Swann für mich ihr Vater und nicht mehr jener Swann aus Combray.)

An einem dieser Sonnentage, die meine Hoffnungen nicht erfüllten, konnte ich meine Enttäuschung nicht länger verbergen:
Ich wollte Sie so vieles fragen. Ich hatte geglaubt, dieser Tag werde für unsere Freundschaft viel bedeuten. Aber kaum sind Sie da, gehen Sie schon wieder!
Kommen Sie doch morgen möglichst früh, damit ich mit Ihnen sprechen kann.

Mein Lieber, ganz sicher werde ich morgen nicht kommen!
!
Eine Teegesellschaft.

Und übermorgen bin ich bei einer Freundin, von deren Fenster man den Einzug des Königs Theodosius anschauen kann …
… das wird ganz wunderbar, und am nächsten Tag ist Michel Strogoff, und dann kommt bald Weihnachten und dann die Ferien zum neuen Jahr.
Vielleicht fährt sogar jemand mit mir an die Riviera. Das wäre fabelhaft! Allerdings käme ich dann um meinen Weihnachtsbaum.

Auch wenn ich in Paris bin, komme ich nicht hierher, denn ich mache dann Besuche mit Mama.
Adieu, eben ruft mich Papa.

Ich kehrte mit Françoise nach Hause zurück. Ich schleppte mich mühsam dahin.
Das wundert mich gar nicht. Das ist ja auch kein Wetter für diese Jahreszeit, es ist viel zu warm. Ach Gott, sicher gibt es überall viele arme Kranke, es scheint fast, dass auch da oben alles durcheinandergeraten ist.

In Gedanken sagte ich mir wieder und wieder – mein Schluchzen unterdrückend – die Worte vor, in denen Gilberte ihrer Freude Ausdruck gegeben hatte, dass sie jetzt langehin nicht in den Park der Champs-Élysées kommen werde.

Doch der Zauber, der jedesmal meinen Geist befiel, sobald er sich mit ihr beschäftigte, war bereits am Werk, selbst diesem Zeichen der Gleichgültigkeit etwas Romanhaftes zuzusetzen, und mitten in meinen Tränen brachte ich ein Lächeln zustande.

Als die Stunde der Briefzustellung kam, sagte ich mir an diesem Abend wie an allen anderen:
Ich bekomme sicher einen Brief von Gilberte, sie wird mir endlich sagen, dass sie nie aufgehört hat, mich zu lieben, und mir erklären, aus welchem Grund sie die Rolle einer Gilberte gespielt hat, die nichts als eine Spielkameradin ist.

Alle Abende malte ich mir beglückt diesen Brief aus.

Plötzlich hielt ich erschrocken inne: Wenn ich einen Brief von Gilberte bekäme, könnte es auf keinen Fall dieser sein, da ich ihn ja selbst verfasst hatte.

Von da an bemühte ich mich, meine Gedanken von den Wörtern abzuwenden, von denen ich mir wünschte, dass sie sie mir schriebe, aus Furcht, sie durch ihre Vorwegnahme von den möglichen Realisierungen auszuschließen.

Inzwischen las ich noch einmal eine Seite, die Gilberte mir zwar nicht geschrieben hatte, die mir aber wenigstens von ihr zugekommen war …

… nämlich die Seite von Bergotte über die Schönheit der alten Mythen, aus denen Racine geschöpft hat …
… und die ich zusammen mit der Murmel aus Achat immer bei mir hatte.

Bergotte, diesen unendlich weisen und beinahe göttlichen Alten, um dessentwillen ich zuerst Gilberte geliebt hatte, bevor ich sie noch sah, liebte ich jetzt vor allem um Gilbertes Willen.

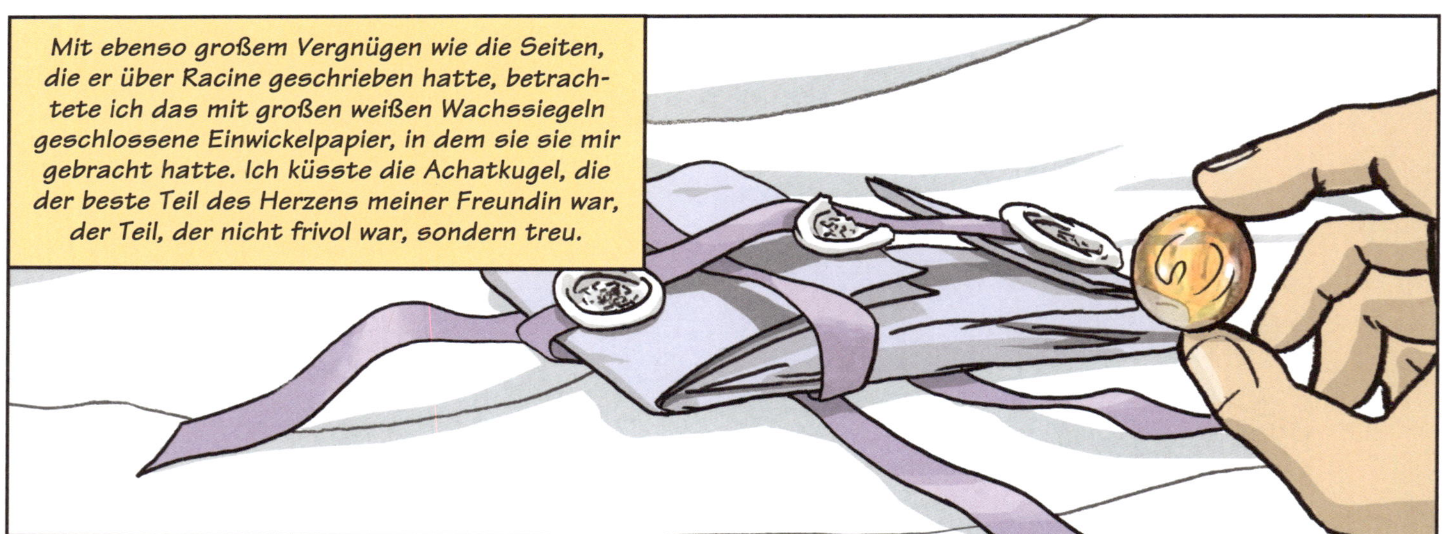
Mit ebenso großem Vergnügen wie die Seiten, die er über Racine geschrieben hatte, betrachtete ich das mit großen weißen Wachssiegeln geschlossene Einwickelpapier, in dem sie sie mir gebracht hatte. Ich küsste die Achatkugel, die der beste Teil des Herzens meiner Freundin war, der Teil, der nicht frivol war, sondern treu.

Ich musste mir aber sagen, dass die Schönheit dieses Steins und die Schönheit jener Seiten Bergottes, die ich so beglückt mit der Idee meiner Liebe zu Gilberte in Zusammenhang brachte, dass ihre Elemente durch die schriftstellerische Begabung oder durch die Gesetze der Mineralogie bereits festgelegt waren, bevor Gilberte mich kannte.

Wenn Gilberte, anstatt in die Anlagen der Champs-Élysées zu kommen, an einem Vormittag mit ihrer Erzieherin Besorgungen machte oder sich auf eine Abwesenheit in den Neujahrsferien vorbereitete, tat ich ihr Unrecht damit, bei mir zu denken:
Sie ist frivol oder allzu gefügig …
Denn sie hätte aufgehört, das eine oder andere zu sein, wenn sie mich geliebt hätte, und, zum Gehorsam gezwungen, wäre sie ebenso verzweifelt gewesen wie ich an den Tagen, da ich sie nicht sah.

Das Morgen wäre nicht anders als das, was die anderen Tage gewesen waren; Gilbertes Gefühle für mich, schon zu eingewurzelt, um sich noch ändern zu können, bestanden in Gleichgültigkeit; in unserer Freundschaft war nur ich der Liebende.
Es ist wahr, an dieser Freundschaft gibt es nichts mehr zu rütteln, sie ändert sich bestimmt nicht mehr.

Am folgenden Tag bat ich dann Gilberte, unsere alte Art von Freundschaft völlig zu vergessen und mit mir den Grund für eine neue zu legen.

Ich hatte immer einen Plan von Paris bei der Hand; weil man darauf die Straße erkennen konnte, in der Monsieur und Madame Swann wohnten, schien er mir einen Schatz zu bergen. Aus Vergnügen daran erwähnte ich bei jeder nur möglichen Gelegenheit diese Straße, so dass mein Vater:

Weshalb sprichst du unaufhörlich von dieser Straße? Sie hat doch nichts Besonderes. Es wohnt sich sicher angenehm dort, weil sie nur zwei Schritte vom Bois entfernt ist, aber das hat sie mit zehn anderen gemein.

Ich richtete es oft so ein, dass meine Eltern den Namen Swann aussprechen mussten. Die Freude, mit der ich ihn hörte, kam mir so schuldhaft vor, dass ich glaubte, die anderen rieten meine Gedanken und gäben der Unterhaltung eine andere Richtung, sobald ich erzwingen wollte, dass man ihn vor mir nannte. Ich ließ mich über Gegenstände aus, die mit Gilberte zu tun hatten. Es kam mir so vor, als könnte ich dadurch, dass ich alles zusammentrug und in Bewegung hielt, was Gilberte berührte, etwas Beglückendes aus ihnen hervorgehen lassen.

Ich erzählte meinen Eltern wieder und wieder, dass Gilberte ihre Erzieherin sehr gern habe, so als würde dies die Wirkung haben, dass Gilberte plötzlich einträte und ein für allemal bei uns wohnen bliebe.

Ich erging mich oft in Lobeshymnen auf die alte Dame, die immer die *Débats* las (ich hatte meinen Eltern die Meinung nahegelegt, sie sei die Frau eines Botschafters oder eine Fürstlichkeit), und hörte nicht auf, ihre Schönheit, Großartigkeit und ihren Adel zu preisen, bis ich eines Tages meinte, Gilberte sagen zu hören, sie heiße Madame Blatin.

Oh! Jetzt weiß ich, wer das ist! ›Achtung! Achtung!‹, hätte dein armer Großvater gesagt. Und die findest du schön! Aber sie ist ja grauenhaft und ist es immer gewesen. Sie ist die Witwe des Gerichtsvollziehers. Erinnerst du dich nicht, was ich, als …
du klein warst, anstellen musste, um ihr aus dem Weg zu gehen?

Sie war immer wild darauf, Leute kennenzulernen, und sie muss schon wirklich so verrückt sein, wie ich immer glaubte, wenn sie Madame Swann tatsächlich kennt. Denn wenn sie auch sehr gewöhnlicher Herkunft ist, hätte ich ihr doch bislang nicht eigentlich etwas nachsagen können.
Aber sie war schon immer auf Bekanntschaften aus.
Sie ist grauenhaft, fürchterlich vulgär und dazu eine Wichtigtuerin.

Was Swann anbelangte, verbrachte ich in meinem Bemühen, ihm zu gleichen, meine Zeit bei Tisch damit, mir die Nase zu zupfen und die Augen zu reiben.

Der Junge ist geradezu idiotisch.

Einmal, als meine Mutter im Verlauf ihres jeden Abend beim Nachtmahl erstatteten Berichts, wo sie am Nachmittag gewesen sei, nur sagte:
… und wen meint ihr habe ich im Kaufhaus Trois-Quartiers bei den Regenschirmen getroffen?
Swann.
Was für ein schwermütiger Genuss zu erfahren, dass heute inmitten der Menge, von der sich seine übernatürliche Erscheinung abhob, Swann einen Regenschirm gekauft hatte!

Zwischen anderen größeren oder kleineren Ereignissen, die ebenso gleichgültig waren, weckte dieses in mir besondere Schwingungen, von denen meine Liebe zu Gilberte beständig durchzittert war.
Interessierst du dich für gar nichts, mein Junge? Ich spreche vom König Theodosius, ein Verbündeter Frankreichs, dessen Besuch politische Auswirkungen haben könnte, und du hörst nicht einmal zu!

Habt ihr euch guten Tag gesagt?
Aber natürlich.
Er ist gekommen und hat mich begrüßt, ich hatte ihn nicht gesehen.
Meine Mutter vermied es immer, unser abgekühltes Verhältnis zu Swann einzugestehen, damit man uns nicht mehr mit ihm aussöhnte, als ihr lieb gewesen wäre, denn sie wünschte nicht, Madame Swanns Bekanntschaft zu machen.

Dann seid ihr also nicht zerstritten?
Zerstritten? Wieso sollen wir denn miteinander zerstritten sein?
Als habe ich einen Streich gegen die Fiktion ihrer guten Beziehungen zu Swann geführt und eine »Aussöhnung« einleiten wollen.

Er könnte böse sein, da du ihn nicht einlädst.
Man muss ja nicht alle Leute einladen. Lädt er mich etwa ein? Ich kenne ja nicht einmal seine Frau.
Er kam doch in Combray zu uns!

Ja, gut! Er kam in Combray zu uns, aber in Paris hat er eben anderes zu tun, und ich auch.
Ich kann nur sagen, wir haben uns beide nicht benommen wie Leute, die zerstritten sind.
Wir standen eine Weile zusammen, weil ihm sein Paket nicht gleich gebracht wurde. Er hat mich nach dir gefragt und erzählt, dass du mit seiner Tochter spielst …
und ich staunte über das Wunder, dass ich in Swanns Bewusstsein existierte.

Die Familie Swann hob sich in ihren Augen von anderen Familien von Maklern in keiner Weise ab. Es kam daher, dass meine Eltern, um in allem, was Gilberte und ihre Umgebung betraf, eine unbekannte Eigenschaft, die in der Welt des Gefühls dem entsprach, was in der Welt der Farben die Infrarotstrahlen sind, zu erkennen, nicht den nötigen zusätzlichen Sinn besaßen, mit dem die Liebe mich ausstattete …

An Tagen, für die mir Gilberte angekündigt hatte, dass sie nicht in die Champs-Élysées-Anlagen kommen werde, nahm ich mir Spaziergänge vor, die mich ihr ein wenig näher brachten. Manchmal bewog ich Françoise zu einer Pilgerfahrt vor das Haus, das die Swanns bewohnten. Unaufhörlich brachte ich sie auf das zu sprechen, was sie über Madame Swann von der Erzieherin hatte erfahren können …

Es scheint, dass sie großes Vertrauen zu ihren Heiligenbildern hat.

Niemals verreist sie, wenn ein Käuzchen geschrien hat …
oder wenn es in der Wand getickt hat, oder wenn ihr …

um Mitternacht eine Katze begegnet, oder wenn es im Holz knackt.
O ja, das ist eine tief religiöse Frau!

Ich war so sehr in Gilberte verliebt, dass ich, wenn wir auf unserem Weg den alten Maître d'hôtel der Swanns trafen, vor Ergriffenheit stehenblieb.

Aber was haben Sie denn?
RUE DE TRAKTIR
AVENUE D'EYLAU
TERRAIN à VENDRE

Wir gingen bis zur Einfahrt, neben der ein Concierge stand und aussah, als wisse er, dass es mir aufgrund einer von Natur anhaftenden Unwürdigkeit untersagt war, in jene geheimnisvollen Daseinsbereiche einzudringen, deren Bewachung ihm oblag und die die Parterrefenster bewusst den Blicken verschlossen.

Meine Einbildungskraft legte eine Kluft zwischen Gilbertes Vater und die übrige Menschheit, so dass ich schon, bevor wir bei der Madeleine ankamen, tief bewegt wurde von der …

Andere Male gingen wir auf die Boulevards, und ich bezog einen Posten am Eingang der Rue Duphot, denn ich hatte gehört, dass man Swann da sehen könne, wenn er zu seinem Zahnarzt ging.

Vorstellung, dass wir uns einer Straße näherten, wo sich unvorhersehbar die übernatürliche Erscheinung zeigte.

Am häufigsten aber – wenn ich schon Gilberte nicht sehen sollte – dirigierte ich Françoise, da ich erfahren hatte, Madame Swann spaziere fast jeden Tag in der Allée des Acacias um den großen See und in der Allée de la Reine Marguerite, nach dem Bois de Boulogne zu.

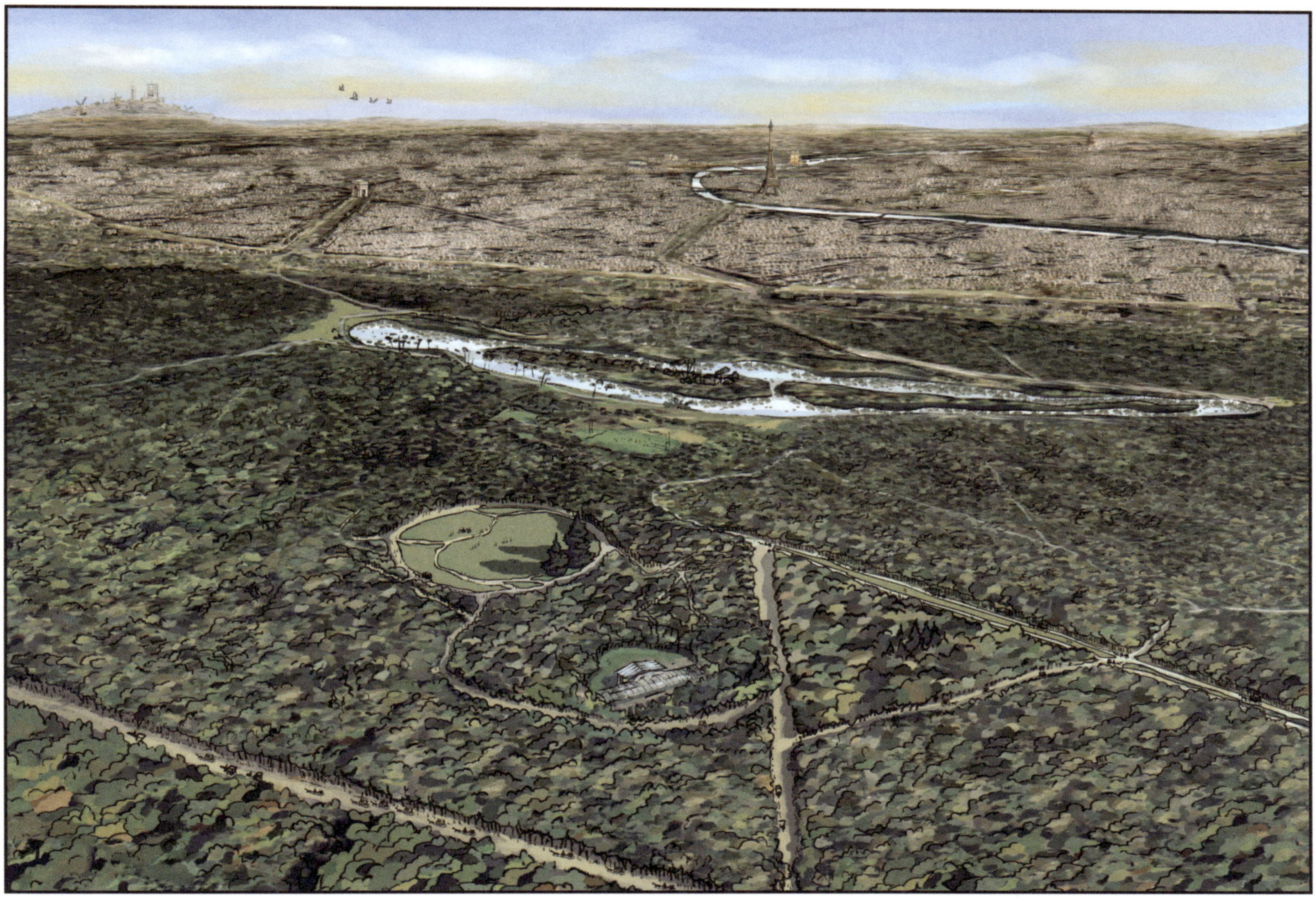

Es war der Frauengarten; und – wie die Myrtenallee der Aeneis – wurde die Allée des Acacias von den berühmten Schönheiten der Epoche besucht.

Ich hatte gehört, man könne in der Allee gewisse elegante Frauen sehen, die gewöhnlich mit Madame Swann in einem Atem genannt wurden, meist unter ihrem »nom de guerre«.

Was ich sehen wollte, war Madame Swann, und ich wartete darauf, dass sie vorüberkäme, bewegt, als ob es Gilberte selber sei, deren Eltern, wie alles, was zu ihrer Umgebung gehörte, von ihrem Reiz durchsetzt in mir so viel Liebe wie sie selbst erweckten.

Ich kann nicht mehr, wir sind eine Stunde hin- und hergelaufen.
Ich habe mir schon die Beine abgelaufen!
!
Und sah ich endlich aus der von der Porte Dauphine herkommenden Allee …

einen unvergleichlichen Mylord mit etwas hohem Fahrgestell, fast fliegend gezogen von zwei feurigen, schlanken und feingliedrigen Pferden, wie Constantin Guys sie zeichnete …

in dessen Fond Madame Swann in lässiger Haltung ruhte …

auf ihren Lippen ein undurchsichtiges Lächeln, das ich für den Wohlwollensausdruck einer Fürstlichkeit hielt, in dem jedoch vor allem das Herausfordernde der Kokotte lag.

Dieses Lächeln sagte zu den einen:
Oh ja, ich erinnere mich, es war wunderschön!

Zu anderen:
Wie schade, wir hatten eben kein Glück!

Zu wieder anderen:
Wenn Sie wollen!
Ich fahre noch ein kurzes Stück, aber sobald ich kann, verlasse ich die Reihe.

Wie schön sie ist!

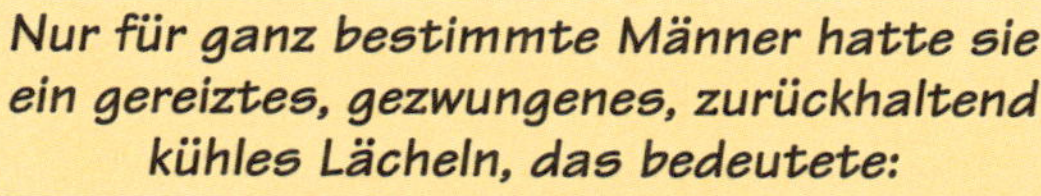
Nur für ganz bestimmte Männer hatte sie ein gereiztes, gezwungenes, zurückhaltend kühles Lächeln, das bedeutete:

Jawohl, du gemeiner Kerl, ich weiß, was für ein Schandmaul du hast und dass du nicht schweigen kannst!
Denk nicht, ich mache mir etwas daraus!

Coquelin ging im Gespräch mit Freunden vorbei.

Ich jedoch dachte einzig an Madame Swann, tat aber so, als hätte ich sie nicht gesehen, denn ich wusste, dass sie, am Tir aux Pigeons angekommen, dem Kutscher sagen würde, er solle halten, damit sie die Allee zu Fuß zurückgehen könne.

An einem bestimmten Punkt sah ich dann Madame Swann, wenig acht gebend auf die Vorübergehenden ...

als sei sie allein auf die wichtige Angelegenheit und den Zweck eines Gesundheitsspazierganges bedacht, ohne Rücksicht darauf, dass sie gesehen wurde und man sich nach ihr umdrehte.

Wer ist das?

Sie wissen doch, wer das ist? Madame Swann!
Das sagt Ihnen nichts? Odette de Crécy.

Odette de Crécy? Ich habe gleich gedacht, diese traurigen Augen ... Aber wissen Sie, die Jüngste kann sie ja auch nicht mehr sein!
Ich erinnere mich, ich war mit ihr im Bett, als Mac-Mahon demissionierte.

Sie werden gut tun, sie nicht daran zu erinnern. Sie ist jetzt Madame Swann, die Frau eines Herrn, der Mitglied des Jockey-Clubs ist und ein Freund des Prince of Wales. Sie sieht noch immer großartig aus.
O ja, aber wenn Sie sie damals gekannt hätten, da war sie wirklich hübsch! Sie wohnte in einer kleinen Villa mit chinesischem Krimskrams. Ich erinnere mich, dass uns das Geschrei der Zeitungsverkäufer störte, ich musste am Ende deswegen aus dem Bett.

Ohne die Betrachtungen zu hören, nahm ich doch das dumpfe Geraune wahr, das ihre Berühmtheit weckte. Mein Herz schlug vor Ungeduld, wenn ich dachte, dass noch ein weiterer Augenblick vergehen würde, bis diese Leute sehen würden, wie der junge Unbekannte, den sie bislang ignoriert hatten, die Frau, deren Ruf der Schönheit, des leichten Lebens und der Eleganz so notorisch war, grüßte.

Schon stand ich ganz dicht vor Madame Swann ...

?
?
?

Sie musste lächeln.

Manche lachten.

Sie hatte mich nie mit Gilberte gesehen, wusste meinen Namen nicht, aber ich war für sie – wie einer der Parkwächter oder der Junge bei den Booten oder die Enten auf dem See – eine der beiläufigen, vertrauten, anonymen Erscheinungen ihrer Promenaden.

An bestimmten Tagen, wo ich sie nicht in der Allée des Acacias gesehen hatte, traf ich sie in der Allée de la Reine Marguerite, in die sich Frauen begeben, die allein sein oder den Anschein erwecken möchten ...

sie jedenfalls blieb nicht lange ...

Diese Vielfältigkeit des Bois de Boulogne, die ihn zu einer künstlichen Stätte und im zoologischen oder mythologischen Sinne einem Garten macht, wurde mir wieder bewusst, als ich ihn durchschritt, um zum Trianon zu gehen.

Der Bois bot den provisorischen oder künstlichen Anblick einer Baumschule oder eines Parks.
VILLE
SER
3

Es war die Jahreszeit, in der der Bois verschiedenste Baumarten erkennen lässt …

… und unterschiedliche Partien zu einem buntscheckigen Ganzen zusammenstellt.

Man fühlte, dass der Bois nicht nur ein
Waldgelände war, sondern einer dem Leben seiner
Bäume fremden Bestimmung entsprach.

So betrachtete ich die Bäume mit unbefriedigter Zärtlichkeit, die mehr wollte als sie und sich ohne mein Wissen auf die Meisterschöpfungen der schönen Spaziergängerinnen bezog, die sie jeden Tag in ihrem Schatten bergen.

Doch da sie seit so vielen Jahren in einer Art von Symbiose mit der Frau gelebt hatten, riefen sie mir die Dryade in Erinnerung, die flüchtige, farbenprächtige schöne Weltdame, die sie beim Vorübereilen mit ihren Zweigen überdecken und zwingen, auch ihrerseits die Macht der Jahreszeit zu verspüren.

Sie erinnerten mich an die glückliche Zeit meiner gläubigen Jugend, als ich voller Erwartung an die Stätten kam, wo die Meisterwerke der weiblichen Eleganz ein paar Augenblicke lang zwischen dem unbewusst ihren Zwecken dienenden Laub Gestalt angenommen hatten.

Halten Sie an!

Die Vorstellung von Vollkommenheit, die ich in mir trug, hatte ich auf die Höhe eines Mylord angewendet, auf die schnittige Form der dahinjagenden Pferde, deren Augen wie die der grausamen Rosse des Diomedes blutunterlaufen waren, und die ich, in dem Verlangen, wiederzusehen, was ich geliebt hatte, von neuem hätte vor mir haben mögen in dem Augenblick, wo der riesige Kutscher von Madame Swann ihre stählernen Flanken zu meistern versuchte.

Ach! Jetzt waren nur noch Automobile da …

Ich hätte gern die kleinen, niederen, wie schlichte Krönchen wirkenden Damenhüte mit leiblichen Augen wiedererblickt, um festzustellen, ob sie noch so reizend waren wie in den Augen meiner Erinnerung.

Jetzt waren alle riesengroß und mit Früchten, Blumen und verschiedenen Vögeln beladen.

Auf dem Kopf der Herren, die mit Madame Swann in der Allée de la Reine Marguerite hätten promenieren können, sah ich nicht mehr den grauen Zylinder von einst, auch keinen anderen Hut.

Sie kamen mit bloßem Kopf.

Für alle neuen Erscheinungen des Schauspiels fand ich die Überzeugung nicht mehr, die ihnen feste Umrisse, Einheit und Dauer hätte geben können. Sie zogen an mir vorbei; willkürlich ohne Wahrheit, enthielten sie in sich kein Schönheitselement, das meine Augen hätten versuchen können, mit anderen zu verknüpfen.
Es waren Durchschnittsfrauen, deren Eleganz mich nicht überzeugte und deren Toiletten mir unbedeutend schienen.

Doch wenn ein Glaube verschwindet, dann überlebt ihn eine fetischistische Anhänglichkeit an jene alten Dinge, die er zu beseelen vermocht hatte, als habe in ihnen und nicht in uns das Göttliche gewohnt und als habe unsere gegenwärtige Ungläubigkeit einen von außen gegebenen Grund: den Tod der Götter.

Wie grausig! Kann jemand diese Automobile so elegant finden wie die Equipagen von einst?

Ich bin sicher zu alt – jedenfalls bin ich nicht für eine Welt gemacht, in der Frauen sich in Kleider zwängen, die nicht einmal aus richtigem Stoff gemacht sind.

Wie grausig!
Ich tröste mich damit, an die Frauen zu denken, die ich gekannt habe, heute, wo es keine Eleganz mehr gibt.

Doch wie sollten Leute, die diese furchtbaren Geschöpfe unter den aus einem Vogelhaus oder einem Gemüsegarten bestehenden Hüten anschauen, sich eine Vorstellung machen, wie zauberhaft …
Madame Swann mit einer schlichten malvenfarbenen Kapotte oder einem kleinen Hut aussah, den nur eine aufwärts gerichtete Irisblüte überragte?

Es hätte mir nicht genügt, dass die Toiletten die gleichen gewesen wären wie zu jener Zeit. Aufgrund des unlösbaren Zusammenhangs, der zwischen den verschiedenen Teilen einer Erinnerung besteht, hätte ich auch noch meinen Tag im Hause einer dieser Frauen bei einer Tasse Tee beenden mögen.

Es hätten dazu dieselben Frauen sein müssen, die, deren Toiletten mich interessierten, denn als ich noch gläubig gewesen war, hatte meine Einbildungskraft in ihnen etwas ganz Eigenartiges gesehen und sie mit Legenden umwoben.

Ach! In der Avenue des Acacias traf ich noch manche von ihnen, sie waren gealtert und Schatten dessen, was sie einstmals waren, sie irrten umher und schienen wie verzweifelt in diesen vergilschen Bosketts nach etwas zu suchen.

Die Natur begann im Bois, aus dem die Idee, er sei der elysische Garten der Frau, sich verflüchtigt hatte, ihr Reich wieder aufzurichten.

Mächtige Vögel durchzogen den Bois und fielen mit schrillen Schreien auf großen Eichen ein …

die unter druidischen Kronen und in dodonäischer Majestät die unwirtliche Öde des entzauberten Haines laut zu verkünden schienen und mich verstehen lehrten, welcher Widersinn darin liegt, wenn man die Bilder der Erinnerung in der Wirklichkeit sucht, wo immer der Reiz ihnen fehlen muss, der im Gedächtnis wohnt und mit den Sinnen nicht wahrgenommen werden kann.

Die Wirklichkeit von einst gab es nicht mehr.

Die Orte, die wir gekannt haben, sind nicht nur der Welt des Raums zugehörig, in der wir sie denken, weil es bequemer ist; die Erinnerung an ein bestimmtes Bild ist nur wehmutsvolles Gedenken an einen bestimmten Augenblick.

Und die Häuser, Straßen, Avenuen sind flüchtig, ach!
Wie die Jahre.

ENDE

Dieses Glossar nimmt Bezug auf die vier Graphic-Novel-Bände, die Unterwegs zu Swann bilden:
Combray, Eine Liebe Swanns, Teil 1, Eine Liebe Swanns, Teil 2, Namen und Orte: Namen.

COMBRAY

Seite 3
DONCIÈRES: Doncières ist eine imaginäre Stadt in der Nähe des ebenfalls fiktiven Badeortes Balbec. Robert de Saint-Loup, eine Figur aus Im Schatten junger Mädchenblüte, ist dort stationiert. Es handelt sich nicht um den Ort Doncières in den Vogesen.

Seite 4
Laterna magica: Die Laterna magica ist ein Vorläufer späterer Projektoren, bestehend aus einer Lichtquelle, einer bemalten Glasplatte und einer Sammellinse als Objektiv.

Die Legende der Genoveva von Brabant: Bevor er in den Krieg zieht, vertraut Siffroi, der Ehemann der Genoveva von Brabant, seine Frau seinem Verwalter Golo an. Genoveva bekommt ein Kind von ihrem Ehemann. Aber Golo, der sich vergeblich bemüht, Genoveva zu verführen, behauptet, das Kind sei die Frucht eines Ehebruchs. Siffroi verfügt per Brieforder, Golo möge Genoveva und das Kind ertränken. Die Häscher aber haben Mitleid mit ihnen und setzen sie im Wald aus, wo Genoveva und ihr Kind durch die Milch einer Rehkuh in einer Höhle überleben. Jahre später entdeckt Siffroi die beiden bei einem Jagdausflug, erkennt die Wahrheit und lässt Golo hinrichten.

Seite 7
Jockey-Club: Einer der aristokratischsten französischen Clubs, gegründet im Jahr 1834. Marcel Proust bezeichnet den Jockey-Club an mehreren Stellen als die geschlossenste Gesellschaft der Welt, als Heiligtum der Elite und als Gesellschaft, in der man unter sich blieb. Der Sitz des Clubs befand sich in Paris in der 1, Rue Scribe, in den Räumen des Hôtel Scribe, nahe der Place de l'Opéra.

Prince of Wales: Edward VII. regierte neun Jahre lang, trug zuvor jedoch fast 60 Jahre den Titel Prince of Wales. Während der langen Herrschaft seiner Mutter, Queen Victoria, war er der Inbegriff der reichen aristokratischen britischen Elite. Er reiste viel und lancierte Moden, er sprach fließend französisch, war leidenschaftlich frankophil, hielt sich oft in Paris auf, frequentierte das Tout-Paris der Belle Époque, setzte sich für die zweite Entente Cordiale (1904) ein und war ein Freund von Charles Haas, dem Vorbild für Swann.

Seite 8, Panel 1,3,4
Pasquier: Gaston d'Audiffret-Pasquier (1823–1905), Senatspräsident, Mitglied der Académie française, war von seinem Großonkel, dem Präsidenten der Pairskammer, adoptiert worden und wurde so zum Herzog v on Pasquier. Er gab die Memoiren seines Großonkels (Histoire de mon temps, Mémoires du chancelier Pasquier) heraus, auf die der Großvater anspielt.

Seite 9
Vino de Asti: Süßer Wein aus dem Piemont. Die Muskateller-Rebe aus Asti bildet die Grundlage für den Schaumwein Asti spumante.

Saint-Simon: Louis de Rouvroy, Herzog von Saint-Simon (1675–1755) ist berühmt für seine Memoiren, eine detaillierte Chronik seines Lebens am Hofe von Ludwig XIV. und während der Régence.

Maulévrier: Als er über Maulévrier spricht, zitiert Swann im vollständigen Text Saint-Simon: »Er wollte meinen Kindern die Hand geben. Ich bemerkte es früh genug, um ihn daran zu hindern«.Tante Céline empört sich, dass Saint-Simon diese Geste der Höflichkeit verweigert. Denn Céline weiß nicht, dass »die Hand geben« ein alter Ausdruck ist, der nicht bedeutet, jemandem die Hand zu reichen, sondern hinter einer anderen Person zurückzutreten, ihr Vorrang einzuräumen.

Seite 10

»Herr, nur Tugenden machst du uns hassen!«: Durch die unpassenden Bemerkungen von Céline und Flora zur Verzweifelung gebracht und durch ihre Kommentare daran gehindert, Swanns Anekdoten auszukosten, zitiert der Großvater eine Zeile aus Der Tod des Pompeius, **einer Tragödie von Corneille, deren genauer Wortlaut ist: »Oh Himmel, nur Tugenden machst du mich hassen!«**

Seite 14

45, Rue de Courcelles: Wohnsitz der Familie Proust von 1900 bis 1906, im zweiten Stock.

Seite 15

Madeleine: Kleingebäck in Form einer Jakobsmuschel, erfunden im 18. Jahrhundert in Commercy (Lothringen) von einer Köchin der Marquise de Baumont, Madeleine Paulmier.
Da sie die Form einer Jakobsmuschel hat, wird auch behauptet, ihre Ursprünge gingen auf die Pilgerfahrt nach Santiago de Compostela zurück, deren Symbol die Muschel ist. Die Madeleine-Szene (Combray S. 15, 16, 17) ist zu einem geflügelten Begriff geworden.

Seite 17

Seerosen auf der Vivonne: Seerosen sind spektakulär und dekorativ, mit weißen, rosa oder roten Blüten; sie haben einen Durchmesser von 10 bis 12 cm und bis zu 20 Blütenblätter. Der Fluss Vivonne ist eine Erfindung von Proust.

Seite 18

»Madame Octave«: Tante Léonie ist Witwe, und Octave war der Name ihres Ehemanns. Wie es damals üblich spricht Françoise von ihr als Madame Octave.

Messopfer, Totenglocke: In der katholischen Liturgie Vergegenwärtigung des Opfertodes Jesu in der Feier der Eucharistie. Die Totenglocke zeigt den Tod eines Bewohners an.

Seite 19

Pepsin: Pepsin ist ein Enzym aus dem Tierreich. Tante Léonie verwendet ein Medikament auf der Basis dieses Enzyms, das zur Stimulierung der Verdauung eingesetzt wird.

Seite 21

Haute-lisse-Gobelins zur Krönung der Esther: Sieben von Jean-François de Troy zwischen 1737 und 1742 gemalte Bilder, die der königlichen Gobelin-Manufaktur als Vorlage für Tapisserien zur Legende der Esther dienten.
Die Legende: Der persische König Xerxes sucht in seinem ganzen Königreich nach einer Ehefrau und ist betört von Esther. Deren Vetter Mordechai verlangt von Esther, ihr Antlitz vor der jüdischen Gemeinde, deren Oberhaupt er ist, zu verbergen. Der Großwesir des Königs, Haman, der neidisch auf den wachsenden Einfluss Mordechais ist und von dessen jüdischer Herkunft erfährt, will alle Juden des Königreiches vernichten. Esther riskiert ihr Leben, um Xerxes zu bitten, ihr Volk zu verschonen. Gerührt von der Verzweiflung seiner Frau geht Xerxes auf ihre Bitte ein, und Haman wird gehängt.

Seite 29

Marzipan: Süßigkeit auf der Grundlage von Eiweiß, gemahlenen Mandeln und Zucker, ursprünglich aus Venedig (marci panis), Spezialität in Frankreich aus Saint-Léonard de-Noblat im Département Haute-Vienne.

Schauspieler: Got, Delaunay, Febvre, Thiron, Maubant, Coquelin (nebenstehende Zeichnung), Sarah Bernhardt, die Berma, Bartet, Madeleine Brohan, Jeanna Samarey – Schauspieler der damaligen Epoche, aus deren Milieu Proust die Berma ableitet, eine fiktionale Figur, inspiriert durch Gabrielle Réjane und Sarah Bernhardt.

Seite 32

Vaulabelle: Achille Tenaille de Vaulabelle (1799–1879), französischer Bildungsminister.
Onkel Adolphe nennt ihn im gleichen Satz mit Victor Hugo, weshalb Odette ihn für einen Künstler hält.

Seiten 34–35

Giotto: Giotto di Bondone (1267–1337), italienischer Maler, Architekt und Bildhauer, der großen Einfluss auf die Geschichte der christlichen Kunst haben sollte und der den folgenden Künstlergenerationen als Vorbild diente. Wegbereiter der Renaissance: Die Figuren sind nicht mehr starr, die Faltenwürfe sind natürlich und der Perspektive wird Rechnung getragen.

Seite 38

»Die Truppe zog durch Combray«: Wenn Proust als Kind seine Ferien in Illiers (Combray) verbrachte, waren die Kürassiere, die er hinter dem Haus seiner Tante bei ihren Garnisonsmanövern durch die Stadt ziehen sah, die Männer der siebten Brigade der leichten Kavallerie, die in Châteaudun einquartiert waren.

Seite 41

Mehmed II. (arabisch auch Muhammad): In Combray vergleicht Swann das Aussehen Blochs mit dem Porträt des Mehmed II. von Bellini. Mehmed II., genannt »der Eroberer« (1432–1481), war der siebte Sultan des osmanischen Reiches. Er eroberte Konstantinopel im Jahr 1453 und begann mit dem Bau des Topkapi-Palastes. Er war ein Liebhaber der Literatur und der Kunst, schrieb Gedichte und Lieder und interessierte sich für die Wissenschaften. Er ließ italienische Künstler nach Konstantinopel kommen, darunter Gentile Bellini, der sein bekanntestes Porträt malte.

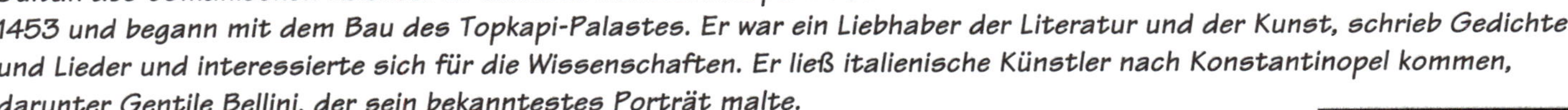

In Eine Liebe Swanns erwähnt Swann später eine Geschichte, die ihn fasziniert: »Dann fühlte sich Swann im Herzen jenem Muhammad II. verwandt, dessen Porträt von Bellini ihm so lieb war; dieser Sultan hatte, als er innewurde, dass er eine seiner Frauen bis zum Wahnsinn liebte, sie kurzerhand erdolcht, um – wie ein venezianischer Biograf ganz naiv berichtet – die Freiheit seines Geistes wiederzuerlangen.«

Seite 47

Weißdorn, Marienmonat: Seit dem 18. Jahrhundert wird der Monat Mai von den Katholiken Marienmonat genannt. In vielen Gemeinden werden während dieses Monats Rosenkränze gebetet, Gebete an Maria gesandt, und jeden Tag wird ein Lied zu Ehren der Jungfrau Maria gesungen. Der Erzähler und seine Familie nehmen nach dem Essen an diesen Gemeinschaftsgebeten teil.

Der Weißdorn wurde mit dem Marienmonat assoziiert, da das Weiß der Blütenblätter an die Reinheit der Jungfrau erinnert und die Dornen an die Dornenkrone von Jesus Christus. Der Monat Mai wurde also zum Monat der Keuschheit, und nach einem noch immer verbreiteten Aberglauben darf im Mai nicht geheiratet werden, weil Frauen in dieser Zeit unfruchtbar sind. Das ist auch der Grund dafür, dass der Mai einst für Kommunionen und Taufen bestimmt war. Wie so oft stützt sich dieser Aberglaube auf einen anderen, in diesem Fall auf einen römischen, der Hochzeiten im Mai verbot, da in diesem Monat der Toten gedacht wurde.

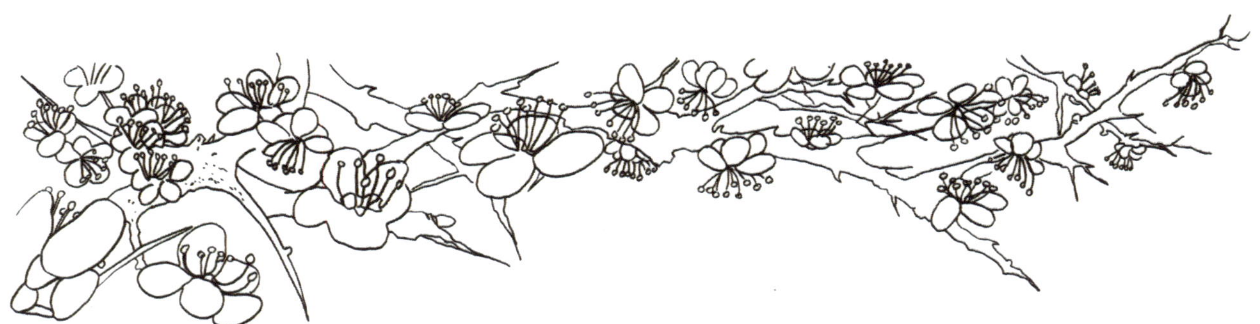

Seite 49
Paul Desjardins: Französischer Lehrer und Journalist. Paul Desjardins (1859–1940) organisierte mehr als 22 Jahre lang die Dekaden von Potigny, mehrmals im Jahr stattfindende Treffen von Intellektuellen.

Seite 58
»Verwandtheit«: Françoise »schießt einen Bock«. Sie spricht dem Erzähler gegenüber von »Verwandtheit«, meint jedoch »Verwandtschaft«.

EINE LIEBE SWANNS, Teil I

Seite 3
Francis Planté (1839–1934): Französischer Pianist, auch le Dieu du Piano (der Gott des Pianos) genannt. Er hat Frédéric Chopin spielen hören und ist damit der einzige Zeitgenosse Chopins, von dem Plattenaufnahmen existieren.

Anton Rubinstein (1829–1894): Russischer Pianist, Komponist und Dirigent, einer der wichtigsten Musiker seiner Epoche. Er kannte Liszt und Chopin und war einer der Lehrer Tschaikowskis.

Pierre Charles Édouard Potain (1825–1901): Französischer Kardiologe, Autor zahlreicher Studien, hatte maßgeblichen Einfluss in seinem Bereich. Man spricht noch heute vom Potainschen Apparat, der Potainschen Krankheit und dem Potainschen Syndrom. Es ist sehr unwahrscheinlich, dass er weniger fähig war als Cottard …

Seite 6
Faubourg Saint-Germain: Eines der schicksten und prestigeträchtigsten Viertel in Paris. Obwohl es weitläufig und beinahe abstrakt ist, und die großen Figuren des Faubourg Saint-Germain wie Geneviève Straus und die Comtesse Greffulhe auf der Rive Droite (nördlich der Seine) lebten, lässt sich sagen, dass das Viertel Faubourg Saint-Germain durch folgende Straßen begrenzt wird: Rue de Lille, Rue de Constantine, Rue de Babylone und Rue Bonaparte.

Seite 10
Johannes Vermeer oder Vermeer van Delft (1632–1675): Holländischer Maler. Marcel Proust hatte sein Bild Ansicht von Delft **in Den Haag entdeckt (ihm zufolge »das schönste Bild der Welt«), ein Bild, das er im Zuge einer Ausstellung im Museum Jeu de Paume 1921 noch einmal sieht. Swann widmet sich einer Studie über Vermeer, die er nicht vollendet, und den Schriftsteller Bergotte befällt vor dem Bild** Ansicht von Delft **ein Unwohlsein, das zu seinem Tod führt.**

Seite 13
»smart«: Englisches Adjektiv, das »elegant«, »raffiniert« bedeutet. Englische Wörter zu benutzen, machte einen gebildeten Eindruck.

Seite 16
»Die Neunte«; »Die Meistersinger«: Die Neunte Symphonie **von Beethoven;** Die Meistersinger von Nürnberg **von Wagner.**

»Der Bär und die Trauben«: Der Fuchs und die Trauben **von Jean de La Fontaine und** Der Bär und der Fuchs **von Äsop sind tatsächliche Fabeln.** Der Bär und die Trauben **aber ist eine Erfindung Prousts.**

Seite 20
Die Sonate für Violine und Klavier ist erfunden, ebenso wie der Komponist Vinteuil, der bereits in Combray auftaucht.

Seite 22

Les Danicheffs: **Theaterstück in vier Akten von Alexandre Dumas, dem Jüngeren, gemeinsam verfasst mit Pierre Corvin und unter dem Pseudonym »Newsky« veröffentlicht. 1876 zum ersten Mal aufgeführt und 1884 im Theater de la Porte-Saint-Martin wiederaufgenommen.**

Jules Grévy (1807–1891): Vierter Staatspräsident der 3. Republik von 1879 bis 1887. Er trat nach einem Skandal zurück, der dadurch ausgelöst wurde, dass sein Schwiegersohn gefälschte Orden an die Ehrenlegion verkauft hatte.

Seite 25

Rue La Pérouse: Odette wohnt in der Rue La Pérouse, benannt nach dem Entdecker und Seefahrer Jean-Francois de Galaup de La Pérouse, der 1788 während einer Expedition verschwand und dessen Exotismus zu der asiatisch inspirierten Inneneinrichtung Odettes passt (»Sie wohnte in einer kleinen komischen Villa mit chinesischem Krimskrams darin«). Die Straße verläuft parallel zur Rue Dumont-d'Urville, und Odettes Schlafzimmer geht zur Rue Dumont-d'Urville heraus. Die Häuser, die die beiden Straßen trennen, befinden sich genau dort, wo einst die Zollmauer stand, die damalige Grenze der Stadt Paris. Die Struktur der Zimmer mit zwei Ausgängen ist auf das Leben Odettes als »Halbweltdame« ausgerichtet. Diese Straße liegt ganz in der Nähe des Arc de Triomphe und damit in einem neuen und bürgerlichen Viertel im Westen von Paris, im Gegensatz zu Swanns adligem und altmodischem Viertel, das im Osten am Quai d'Orléans gelegen ist.

In Namen und Orte: Namen **wohnt die Familie Swann ganz in der Nähe in einer kleinen Straße, die auf die Avenue du Bois führt (heute Avenue Foch). Der Arc de Triomphe markiert eine Art Grenze zwischen der Welt von Swann, der Richtung Osten zu seinem Zahnarzt in der Rue Duphot geht, seine Einkäufe in den Trois-Quartiers macht oder seine Tochter in den Champs-Élysées-Anlagen abholt, und jenem Viertel Odettes im Westen des Bois de Boulogne, der Ort ihres unmoralischen Lebenswandels und der Qualen Swanns.**

Seiten 26, 34, 35

Cattleya: Aus dem Wissenschaftslatein, eine Hommage an den englischen Botaniker William Cattley. Orchidee mit großen weißen oder mauvefarbenen, tütenförmigen Blüten aus dem tropischen Amerika. »und viel später noch [...] lebte die Metapher ›Cattleya spielen‹ in ihrem Sprachgebrauch fort, zur schlichten Vokabel geworden, die sie schließlich ganz gedankenlos zur Bezeichnung des Aktes der physischen Inbesitznahme benutzten – bei dem man übrigens nichts besitzt ...«

Seite 27

Madonna di Laghetto: Laghetto, zwischen Nizza und Monaco gelegenes Dorf. Im Jahr 1652 soll die Jungfrau Maria hier mehrere Wunder vollbracht haben, woraufhin eine heilige Stätte errichtet wurde, die auch heute noch von zahlreichen Pilgern aufgesucht wird.
Das Heiligenbild, an dem Odette so sehr hängt (Swann: »Kannst du es mir bei deinem Medaillon der Madonna di Laghetto schwören?«, Françoise: »... Es scheint, dass sie großes Vertrauen zu ihren Heiligenbildern hat.«), zeigt die Wunder vollbringende Jungfrau.

ND-DE-LAGHET PRIEZ POUR NOUS

Seite 28

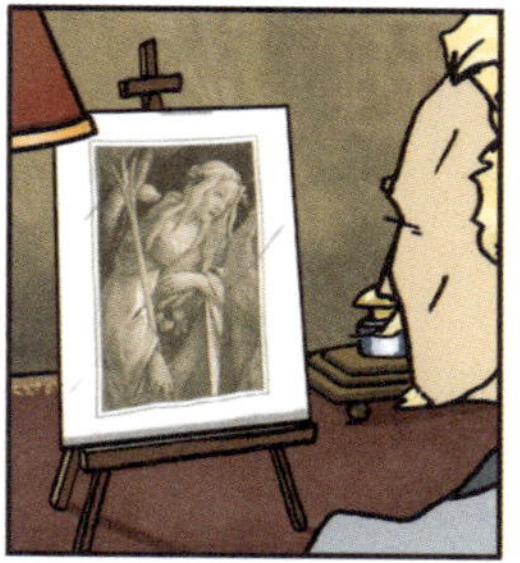

Sephora: Swann liebt es, in Bildern großer Meister individuelle Gesichtszüge von ihm bekannten Menschen wiederzufinden.
Und so entsteht die Liebe, die er schließlich für Odette empfindet, obwohl er zu Beginn ihrer Beziehung beinahe eine physische Abneigung empfindet, aus der Ähnlichkeit, die er eines Tages zwischen ihr und Sephora feststellt, der Tochter Jethros, wie Botticelli sie dargestellt hat. Diejenige also, die anfangs von »einer Art Schönheit ist, die ihm nichts sagte«, wird zu einem »unschätzbaren Kunstwerk«. Er geht so weit, eine Reproduktion des Bildes von Botticelli auf seinem Arbeitstisch aufzustellen, als handele es sich um ein Porträt von Odette.

Doge Pietro Loredan:
Antonio Rizzo musste um 1498 aus Venedig wegen Unterschlagung von Geldern fliehen und starb zwischen 1499 und 1500, konnte also 1501 keinen Dogen mehr modelleren. Proust dachte also vielleicht eher an den Bildhauer Briosco, genannt Riccio, hier im Bild allerdings ein Bildnis Leonardo Loredans nach Bellini.

Ghirlandaios (1449–1494): Italienischer Maler der Florentiner Schule (nebenstehend ein Ausschnitt aus Alter Mann mit Enkel); in einem Bild Ghirlandaios erkennt Swann die Nase von Monsieur Palancy.

Tintoretto (1518–1594): Jacopo Robusti, genannt Tintoretto, Maler der Renaissance. In einem Porträt von Tintoretto erkennt Swann das »Vordringen der Backenbarthaare«, »den Blick« und »die Nase« des Doktors du Boulbon.

»Schäferstündchen«: Es handelt sich um die Abendstunde, in der die Geliebten sich dem Begehren des anderen hingeben. In der griechischen Mythologie liebt die Göttin des Mondes, Selene, den Hirten Endymion. Sie erreicht bei Zeus, dass dieser Endymion in einen ewigen Schlaf versetzt, um seine Schönheit zu erhalten. Selene kommt jede Nacht zu Endymion, um ihn zu betrachten und ihn zu lieben.

»Gimpel«: Einfältiger, unerfahrener, unbeholfener Mensch.

Seite 30

Prévost: Café-Restaurant (nicht mehr existent), am 39, Boulevard Bonne-Nouvelle.

Seite 31

Eurydike: In der Mythologie tritt die Dryade (Nymphe) Eurydike auf eine Schlange und wird tödlich in den Fuß gebissen. Ihr Ehemann Orpheus folgt ihr in die Unterwelt, um sie in die Welt der Lebenden zurückzuholen. Hades, der Herrscher der Unterwelt, gestattet ihm, Eurydike mitzunehmen unter der Bedingung, dass er sich nicht nach ihr umdreht, um sie anzuschauen, bis sie auf die Erde zurückgekehrt sind. Weil er aber ihre Schritte nicht mehr hört, dreht Orpheus sich um, und Eurydike verschwindet.

Seite 32

Tortoni: Café-Restaurant (existierte bis 1893), 10, Boulevard des Italiens.

MAISON DORÉE
ENTRÉE

Maison Dorée: Café-Restaurant mit Privatsalons (nicht mehr existent seit 1902), 20, Boulevard des Italiens. Die Fassade und die gusseisernen, vergoldeten Balkons des Gebäudes sind erhalten. Heute beherbergt das Gebäude die Büroräume einer Bank.

Café Anglais: Café-Restaurant (existierte bis 1913), 13, Boulevard des Italiens.

Seite 35

Olivier Métra (1830–1889), Joseph Tagliafico (1821–1900): Odette mag die Unterhaltungsmusik ihrer Epoche wie die Ballade Armer Tor!, komponiert von Joseph Tagliafic oder den Rosenwalzer von Olivier Métra, gefeierter Komponist und Dirigent, auch bekannt für seine Quadrille des lanciers.

Seite 36

Dreifarbenzeichnung Watteaus: »Maler des Geistes und der Liebe, Maler der Fêtes galantes«, Antoine Watteau (1684–1721), berühmt für seine Bilder Einschiffung nach Kythera und Gilles, erlangte ebenfalls Bekanntheit für seine Dreifarbenzeichnungen. Die Technik der Dreifarbenzeichnung besteht aus dem Auftragen dreier Farben auf beige oder grau-blau eingefärbtes Papier: dem schwarzen Stein, der die Linien und die Schatten markiert, dem Rötelstift für die Farben und weißer Kreide für das Licht. Diese Technik war im 18. Jahrhundert weit verbreitet. Ebenso wie Swanns Gleichsetzung von Odettes Bild mit dem Bildnis der Sephora von Botticelli zum Ausdruck bringt, wohin seine Leidenschaft für die Kunst ihn fälschlicherweise führt, so sagt die Heraufbeschwörung der Dreifarbenzeichung von Watteau etwas über Swanns Unbewusstes aus, das Odettes Leben mit den Fêtes galantes assoziiert.

Seite 37

Rue d'Abbattucci: Teil der Rue La Boétie zwischen der Rue du Faubourg Saint-Honoré und der Place Saint-Augustin, von 1868 bis 1879 Rue d'Abbattucci.

»Visite«: Kurzer Umhang mit Felleinfassung.

Seite 38

Avenue de l'Impératrice: Wurde nach dem Fall des Zweiten Kaiserreiches zur Avenue du Bois und im Jahr 1929 zur Avenue Foch.

Um den See: Lac Inférieur (Unterer See), der größte See des Bois de Boulogne, in den das Wasser vom Lac Supérieur (Oberer See) fließt.

Edentheater: Theater, das 1882 in der 7, Rue Boudreau gebaut wurde, an der Stelle des heutigen Théâtre de l'Athénée.

Hippodrom: Eine Art Zirkus aus Stein und Eisen, wo Pferderennen und Großveranstaltungen stattfanden. Odette spricht Swann gegenüber vom Hippodrome de l'Alma (Hippodrome de Paris), eine riesige Konstruktion, die 6000 Zuschauer fasste, erbaut 1877 im Winkel zwischen der Avenue de l'Alma (heute Avenue George-V) und der Avenue Marceau. Der Besitzer des Grundstücks verweigerte die Vertragsverlängerung, und so schloss das Hippodrom im Jahr 1892.

Quai d'Orléans: Swann wohnt auf der Île Saint-Louis, zu jener Zeit ein Viertel, das nicht à la mode war.

Seite 40

Sorbonne: Namhafte Universität, Sitz des Rektorats der Académie de Paris und als Monument historique klassifiziert.

»Sub rosa« (unter der Rose): Vertraulich, geheim. Die Rose war einst das Symbol des Geheimnisses.

Seite 42

»Nachtwache«, »Vorsteherinnen«: Gemeint sind Die Nachtwache von Rembrandt und Die Vorsteherinnen von Frans Hals.

Seite 45

»halbseiden«: Der Halbwelt angehörend, also eine Frau, die sich aushalten lässt, eine Kurtisane, eine von Männern umworbene, elegant auftretende, aber anrüchige Frau (halbseiden: aus Halbseide bestehend, Halbseide: seidig glänzendes Gewebe aus Seide und mit einem Anteil weniger teurer Baumwolle).

EINE LIEBE SWANNS, Teil II

Seite 12
Chatou: *In dieser Gemeinde, 10 km von Paris entfernt, liegt die Insel der Impressionisten, wo sich das Restaurant La Maison Fournaise befindet, zu dessen Stammgästen u. a. Caillebotte, Degas, Monet, Renoir und Sisley zählten.*

Mondscheinsonate: **Klaviersonate Nr. 14 op. 27 Nr. 2 in cis-Moll von Ludwig van Beethoven (1770–1827). Ihren Namen erhielt die Sonate nach Beethovens Tod im Jahr 1832 von dem deutschen Dichter Ludwig Rellstab, der sich beim Hören des ersten Satzes der Sonate an »eine Bootsfahrt auf dem Vierwaldstättersee« erinnert fühlte.**

Seite 14
»Stück von Labiche«: Boulevardtheaterstück von Eugène Labiche, in dem er sich über die Gepflogenheiten der Bourgeoisie lustig macht.

Seite 15
»letzter Dantescher Höllenkreis«: In der Göttlichen Komödie **ist der neunte und letzte Höllenkreis derjenige der Verräter.**

»Noli me tangere«: »Berühre mich nicht«, vom auferstandenen Jesus an Maria Magdalena gerichtete Worte.

Seite 16
Une nuit de Cléopâtre: **Oper (1885) in drei Akten von Victor Massé, nach einem Libretto von Jules Barbier.**

Seite 17
Pierrefonds: Beeindruckende Festung aus dem 12. Jahrhundert, 70 km nordöstlich von Paris, wiedererbaut unter Napoléon III. vom Architekten Viollet-le-Duc, oft kritisierter, nicht historisch originaler Wiederaufbau, der mittelalterliche Festungen idealisiere. Viollet-le-Duc zitierte dabei zahlreiche Gebäude, darunter die Kathedrale Notre-Dame in Paris und die Stadtmauer von Carcassonne.

»Carte du Tendre«: Allegorische Landkarte des Reiches der Liebe, im 17. Jahrhundert von Madeleine de Scudéry erfunden. Die Karte stellt die Stationen des Liebeslebens dar (Dorf der Liebesbriefe, Zuneigungsfluss, Passionsmeer, Gleichgültigkeitssee usw.).

Seite 18
Restaurant Lapérouse: Vornehmes Restaurant, das sich seit 1766 auf dem Quai Grands-Augustin befand. Im Jahr 1878 verleiht Jules Lapérouse, einer der Besitzer, ihm seinen Namen, und die Ähnlichkeit dieses Namens mit dem des Entdeckers, dem Grafen La Pérouse, bringt Swann dazu, manchmal dort zu essen, da es ihm den Eindruck verschafft, er nähere sich Odette.

Seite 20
Bayreuth: Deutsche Stadt, in der jedes Jahr Festspiele stattfinden, die von Richard Wagner (1813–1883) ins Leben gerufen wurden und bei denen seine zehn Opern aufgeführt werden. Es handelt sich um ein renommiertes Festival, und die Nachfrage nach Karten ist groß.

Louis Clapisson (1806–1866): Clapisson war ein erfolgreicher Komponist komischer Opern.

Seite 23
Crapote (23, Rue Le Peletier) und Jauret (Place du Marché Saint-Honoré): Renommierte Obst- und Gemüsehändler.
Chevet: (Galerie de Chartres im Palais-Royal): Feinkostgeschäft.

Seite 31
Legitimisten: Partei unter den Royalisten, die die Wiedereinführung des Königtums mit dem Oberhaupt der Bourbonen an der Spitze des Staates wünschen. Demgegenüber möchten die Orleanisten einen König aus dem Haus Orleans. Die Bonapartisten wiederum sind die Anhänger eines imperialen Regimes unter der Führung eines Mitglieds der Familie Bonaparte. Prinzessin Mathilde war eine Nichte von Napoléon Bonaparte.

Bérénice (»die furchtbare Rampillon«): **Tragödie von Racine, in der Titus, der Kaiser von Rom, aus politischen Gründen gezwungen ist, die Königin Berenize, die er liebt, und seinen besten Freund Antiochus aus der Stadt fortzuschaffen.**

Seite 39
Les filles de marbre; **Drama in fünf Akten von Thédore Barrière (1823–1877), in dem die Hartherzigkeit der Kurtisanen und Schauspielerinnen dargestellt wird, die die Künstler davon abhalten, an ihrem Werk zu arbeiten.**

Industriepalast (Palais de l'Industrie): Riesiger Pavillon, der an den Champs-Élysées für die Weltausstellung von 1855 gebaut wurde. Er wurde 1897 kurz vor der Weltausstellung von 1900 abgerissen, um die neue Gare des Invalides zugänglich zu machen. Es entstand die Avenue Alexandre-III (heute Avenue Winston Churchill), an der das Grand Palais und das Petit Palais errichtet wurden. In dieser Achse entstand auch die Pont Alexandre-III als Brücke über die Seine.
Die Skulpturengruppe, die das monumentale Portal zierte (Frankreich krönt den Handel und die Industrie**), ist heute im Park Saint-Cloud zu besichtigen.**

NAMEN UND ORTE: NAMEN

Seite 4
Leuchtfontänen der Weltausstellung: Die Weltausstellung von 1889 fand in Paris statt, zum 100. Jahrestag der Französischen Revolution. Ebenso wie der Eiffelturm, der zu diesem Anlass erbaut wurde, zählten die Leuchtfontänen, u. a. jene mit dem Titel »Frankreich erhellt die Welt«, zu den großen Attraktionen. Eine der Fontänen bot ein elektrisches Lichtspiel, das auf den Klang einer Militärfanfare hin die Farben wechselte.

Seite 6
Goldgrund: Hintergrund einer Heiligendarstellung oder eines Porträts; wird aus Blattgold gebildet, sehr verbreitet bei den byzantinischen Malern bis in 12. Jahrhundert. Diese Goldgründe wurden erst in der ersten Hälfte des 14. Jahrhunderts durch Architekturmotive oder Landschaften ersetzt.

Gefilde um Fiesole: Fiesole ist berühmt für seinen Blick auf die Stadt Florenz.

Seite 9
Stadt der Lilien: Die rote Lilie ist das Wappen von Florenz.

Bayeux: Das rötlich schimmernde textile Gewebe ist vermutlich der berühmte Teppich von Bayeux, dessen Farben Ocker und verblasstes Rot und dessen Fäden brüchig sind.

»Vitré«: Der »Accent aigu« stellt einen Teil des Rahmens der alten Glasscheiben in Form einer Raute dar.

»Lamballe«: Das Wort, das durch den Buchstaben »l« weich wird, enthält die Phoneme des Wortes »blanc« (weiß).

Seite 10
Coutances: Die letzte Silbe von Coutances lässt an das Wort »rance« (»ranzig«) denken, also an Butter.

»Questambert«: Fiktive Gemeinde, die phonetisch mit dem Wort Camembert verbunden ist und in diesem Sinne eine Referenz schafft.

»Pontorson«: Für den Erzähler evoziert dieser Name vermutlich »contorsions du rire« (Lachkrämpfe).

»Lannion«: Der Erzähler denkt zweifelsohne an »lanière du fouet« (Peitschenriemen), dann an Kutscher, und mit dem Wort Kutscher assoziiert er dann Die Kutsche und die Fliege **von Jean de La Fontaine.**

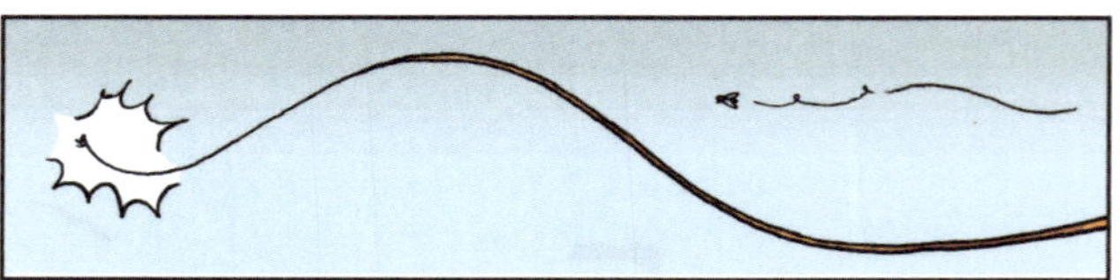

»Benodet«: Mit dem Namen assoziiert der französische Leser die Wasserpflanze »èlodée« (Wasserpest). Das sind unter Wasser wachsende Pflanzen, die durch die Strömung des Wassers an die Oberfläche kommen.

»Pont-Aven«: Ebenso wie Benodet kannte Proust auch Pont-Aven, »die Stadt der Maler«. Er sah die von Gauguin unsterblich gemachten Hauben der Frauen vor sich, die aus zwei sehr feinen Bögen aus Spitze bestanden. Im Wort »aven« lässt sich auch der Flügel des Vogels erkennen, abgeleitet von dem Lateinischen »avis« (ein Wort, das Clément Ader diente, um das Wort »avion« (Flugzeug) zu erfinden.

»Quimperlé«: Dieser Name enthält, ganz wie die Auster, eine »Perle«, die der Erzähler vielleicht mit einer Kette assoziiert.

Seite 17
Mauerflora: Pflanzen, die an und auf Mauern wachsen.

Seite 31
»Aux Trois-Quartiers«: 1828 eröffnetes Kaufhaus, das sich gegenüber der Madeleine-Kirche befand.

Seite 32
Rue de Traktir/Avenue d'Eylau: Bis 1881 trug die Avenue Victor-Hugo den Namen Avenue Eylau.

Seite 33, Panel 2 und Seite 45, Panel 1
Myrtenallee der Aeneis: Die Allee de Longchamp wurde in Akazienallee umbenannt, da sie von dieser Art Baum gesäumt war. In der *Aeneis* von Vergil steigt Aeneas hinab in die Unterwelt: Sein Weg führt ihn durch einen Myrtenwald (Baum, der der Venus, der Göttin der Liebe, geweiht ist), und er erkennt die berühmten Frauen wieder, die aus Liebe den Tod fanden: Phädra, Prokris, Eryphile, Euadne, Pasiphae, Laodameia, Kaineus, Dido …

Seite 34
Constantin Guys (1802–1892): Französischer Maler und Zeichner, er malte aus dem Gedächtnis, hauptsächlich in der Laviertechnik mit schwarzer Tinte und Wasserfarben, was die Ausdruckskraft seiner stilisierten Figuren erklären mag. Baudelaire nannte ihn »den Maler des modernen Lebens« und schrieb über ihn: »Oft bizarr, gewaltsam, übertrieben, doch stets poetisch, hat er es verstanden, in seinen Zeichnungen die Bitterkeit oder die berauschende Süße des Lebensweines zu keltern und ihnen Dauer zu verleihen.« Seine Bilder haben Wiedererkennungswert, besonders jene, auf denen rassige Pferde mit feinen, hauchdünnen Beinen dargestellt sind.

Seite 40
Dryaden: In der griechischen und römischen Mythologie Nymphen, die Bäume und Wälder beschützten.

Seite 42
Rosse des Diomedes: Den Erzähler erinnern die Pferde der Kutsche von Odette, »toll dahinjagend, wespenleicht, deren Augen blutunterlaufen waren«, an die grausamen Rosse des Diomedes aus der griechischen Mythologie. Diomedes, König von Thrakien, hatte die Angewohnheit, seine Stuten mit Menschenfleisch zu füttern. Eine der 12 Arbeiten des Herkules bestand darin, die Rösser des Diomedes zu zähmen, woraufhin Diomedes schließlich selbst seinen Rössern zum Fraß vorgeworfen wurde. Eine Legende besagt, dass Bukephalos, das Pferd von Alexander dem Großen, von einer der Stuten des Diomedes abstammt.

Seite 46
Dodonäische Majestät: Im alten Griechenland lasen die Priester der Stadt Dodona (in Epirus, heute Albanien) die Orakel aus dem Rauschen einer dem Zeus heiligen Eiche.

DIE FAMILIE DES ERZÄHLERS

Tante Flora
Tante Céline
Großmutter (Bathilde)
Großvater (Amédée)
Onkel Adolphe
Großtante
Vater
Mutter
Tante Léonie oder »Madame Octave« (Witwe Octave)
Der Erzähler

Françoise

Charles Swann

Monsieur
Legrandin

Odette de Crécy
(zukünftige Madame Swann)

Gilberte Swann
(Tochter von Swann und Odette)

Doktor Percepied

Pfarrer von Combray

Eulalie

Küchenmädchen

Albert Bloch

Madame Sazerat

Oriane, Fürstin des Laumes, später
Herzogin von Guermantes

Palamède de Guermantes, Baron von Charlus,
genannt »Mémé«

Prince of Wales

Sidonie Verdurin

Gustave (oder Auguste) Verdurin

Napoléon III.

Graf de
Forcheville

Der »kleine Pianist«

Saniette

Doktor Cottard

Madame Cottard

Professor Brichot

Der Maler Biche (in Eine Liebe Swanns*), wird zu Elstir (in* Im Schatten junger Mädchenblüte*)*

Der Schriftsteller Bergotte

Der Komponist Vinteuil

Mademoiselle Vinteuil

Freundin von Mademoiselle Vinteuil

General de Froberville

Monsieur de Palancy

Monsieur de Saint-Candé

Monsieur de Bréauté

Ein Romancier

Monsieur de Forestelle

Madame de Saint-Euverte

Schwiegertochter von Madame de Cambremer

Marquise de Cambremer

Vicomtesse de Franquetot

Marquise de Gallardon

Comtesse de Monteriender

Doktor Du Boulbon

Nachbarn von Odette

Kleine Arbeiterin, Mätresse Swanns

Tante des kleinen Pianisten

»Mademoiselle«, Gilbertes Lehrerin

Madame Blatin

Odette Swanns Kutscher

Odettes kleiner Page
(»Tiger« oder »Baudenord«)

Rémi,
Swanns Kutscher

Hausangestellter
von Odette de Crécy

Zimmermädchen
von Odette de Crécy

Der Diener von Onkel Adolphe

Swanns Diener

Der Concierge der Familie
Swann in der Rue de Traktir

Prostituierte

Marcel Proust kommt am 10. Juli 1871 in der 96, Rue La Fontaine im 16. Arrondissement im Pariser Viertel Auteuil zur Welt und stirbt am 18. November 1922 mit 51 Jahren in der 44, Rue Hamelin im 16. Arrondissement.

Seine Familie gehört der wohlhabenden Bourgeoisie an; der Vater, Adrien Proust, ist ein sehr bekannter Arzt, Hygieniker und Medizinprofessor und Generalinspektor des Office International d'Hygiène Publique (einem Vorläufer der Weltgesundheitsorganisation). Marcel frequentiert bereits in jungen Jahren die aristokratischen Salons und führt das Leben eines interessierten Mannes von Welt. Er macht die Bekanntschaft zahlreicher Künstler und Schriftsteller.
Er schreibt Artikel, eine Gedichtsammlung und Novellen (**Freuden und andere Tage**), einen Sammelband mit Artikeln und Nachahmungen (**Nachgeahmtes und Vermischtes**), übersetzt aus dem Englischen** The Bible of Amiens **von John Ruskin und beginnt 1895 mit der Arbeit an seinem ersten Roman (**Jean Santeuil**), den er aber nicht vollendet und der erst 1952 veröffentlicht wird. Im Jahr 1907 beginnt Proust mit dem Schreiben von** Auf der Suche nach der verlorenen Zeit**, das aus sieben Teilen besteht, die zwischen 1913 und 1927 erscheinen:

Unterwegs zu Swann ***(1913)***
Im Schatten junger Mädchenblüte,
Guermantes,
Sodom und Gomorra,
Die Gefangene,
Die Flüchtige,
Die wiedergefundene Zeit ***(1927)***

Der erste Band, Unterwegs zu Swann, ***besteht aus drei Teilen:***
Combray,
Eine Liebe Swanns (zwei Comic-Bände),
Namen und Orte: Namen

Der zweite Band, Im Schatten junger Mädchenblüte ***(zwei Teile), erhält 1919 den Prix Goncourt, und die letzten drei Bände werden posthum veröffentlicht.***

Der gesamte Text von Auf der Suche nach der verlorenen Zeit ***ist aus der Ich-Perspektive erzählt, mit Ausnahme des Teils*** Eine Liebe Swanns, ***dessen Geschichte vor der Geburt des Erzählers in Paris der 1880er-Jahre spielt.***

Marcel Proust hatte eine schwache gesundheitliche Konstitution und litt sein Leben lang unter schwerem Asthma. Im Oktober 1922 begibt er sich zum Grafen Étienne de Beaumont, wo er sich verkühlt, und er stirbt am 18. November an einer nicht auskurierten Bronchitis. Er liegt auf dem Pariser Friedhof Père-Lachaise in Paris begraben (Abteilung 85).

DIE FAMILIE VON PROUST

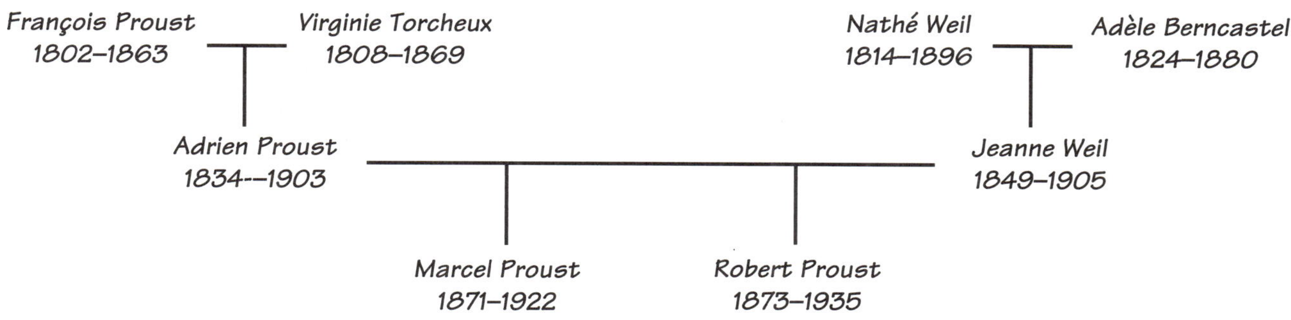
François Proust
1802–1863
Virginie Torcheux
1808–1869
Nathé Weil
1814–1896
Adèle Berncastel
1824–1880
Adrien Proust
1834-–1903
Jeanne Weil
1849–1905
Marcel Proust
1871–1922
Robert Proust
1873–1935

Der Vater von Proust stammte aus Illiers im Departement Eure-et-Loire, wo der kleine Marcel seine Ferien bei seiner Tante Élisabeth Amiot verbrachte. Aus dieser wird in *Auf der Suche nach der verlorenen Zeit* Tante Leonie, und Illiers inspirierte ihn zu *Combray*. 1971, zum 100. Geburtstag Prousts, änderte Illiers als Hommage an den großen Schriftsteller seinen Namen in .Illiers-Combray. Es ist die einzige Gemeinde in Frankreich, die ein literarisches Pseudonym angenommen hat

PARIS
Illiers-Combray

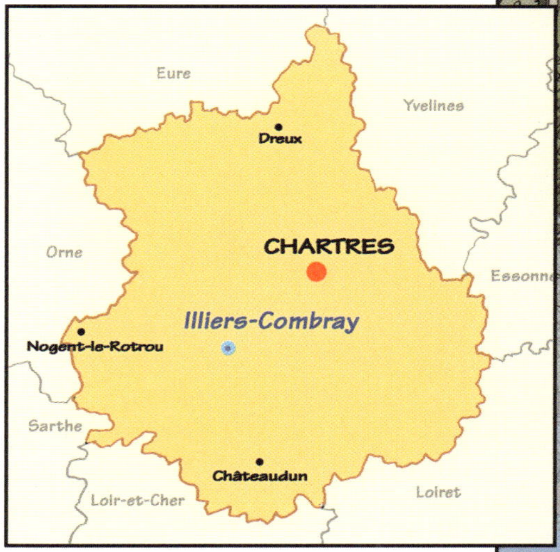

Eure
Yvelines
Dreux
Orne
CHARTRES
Essonne
Illiers-Combray
Nogent-le-Rotrou
Sarthe
Châteaudun
Loir-et-Cher
Loiret

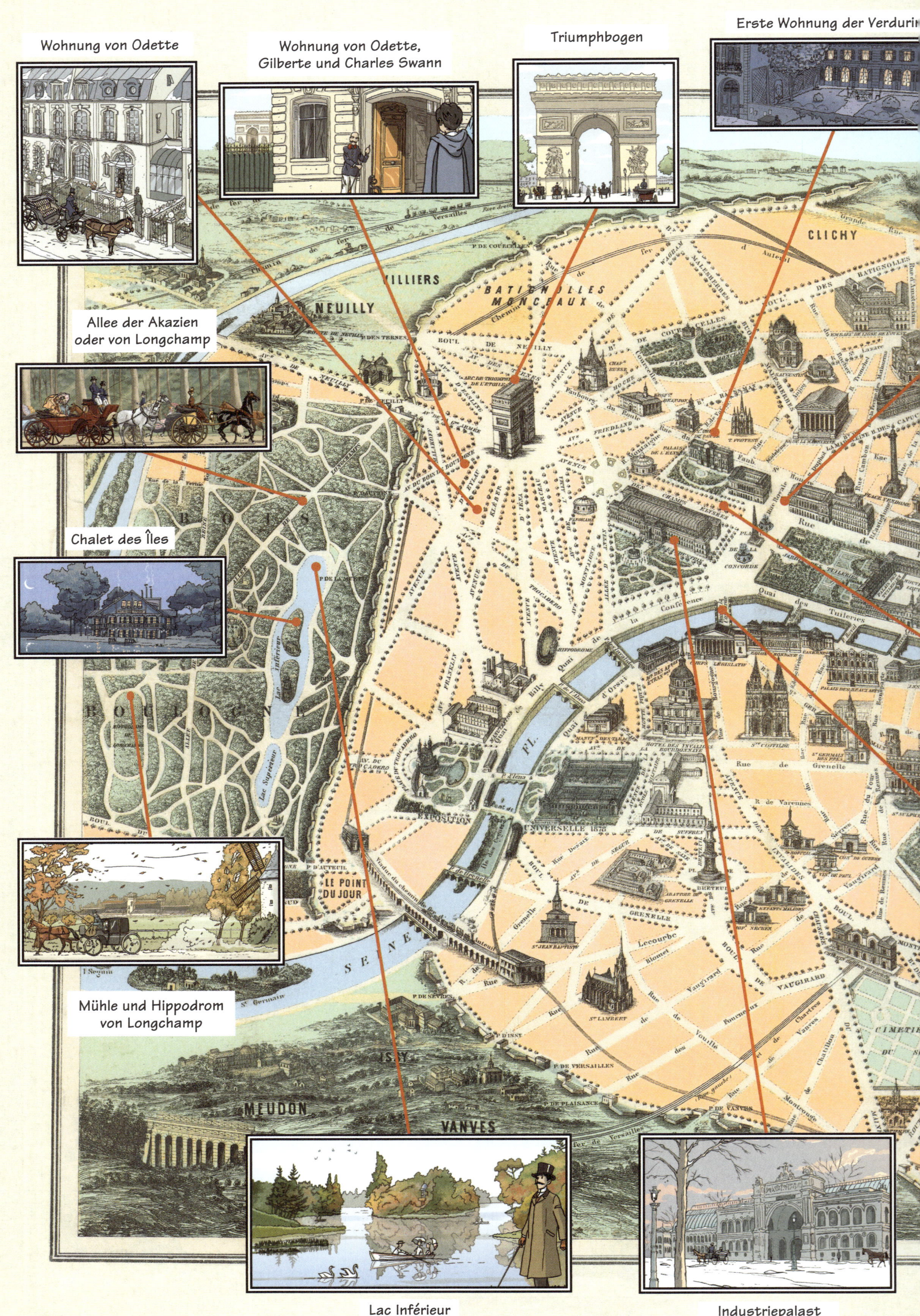
Wohnung von Odette
Wohnung von Odette,
Gilberte und Charles Swann
Triumphbogen
Erste Wohnung der Verdurin
Allee der Akazien
oder von Longchamp
Chalet des Îles
Mühle und Hippodrom
von Longchamp
Lac Inférieur
Industriepalast
CLICHY
VILLIERS
NEUILLY
BATIGNOLLES
MONCEAUX
LE POINT
DU JOUR
ISSY
MEUDON
VANVES
SEINE